40,-

Thomas Arndt

Papa
- ihr Leben
in Freiheit

Verlag
Horst Müller
Walsrode

An der Warnau 33 · 3036 Bomlitz

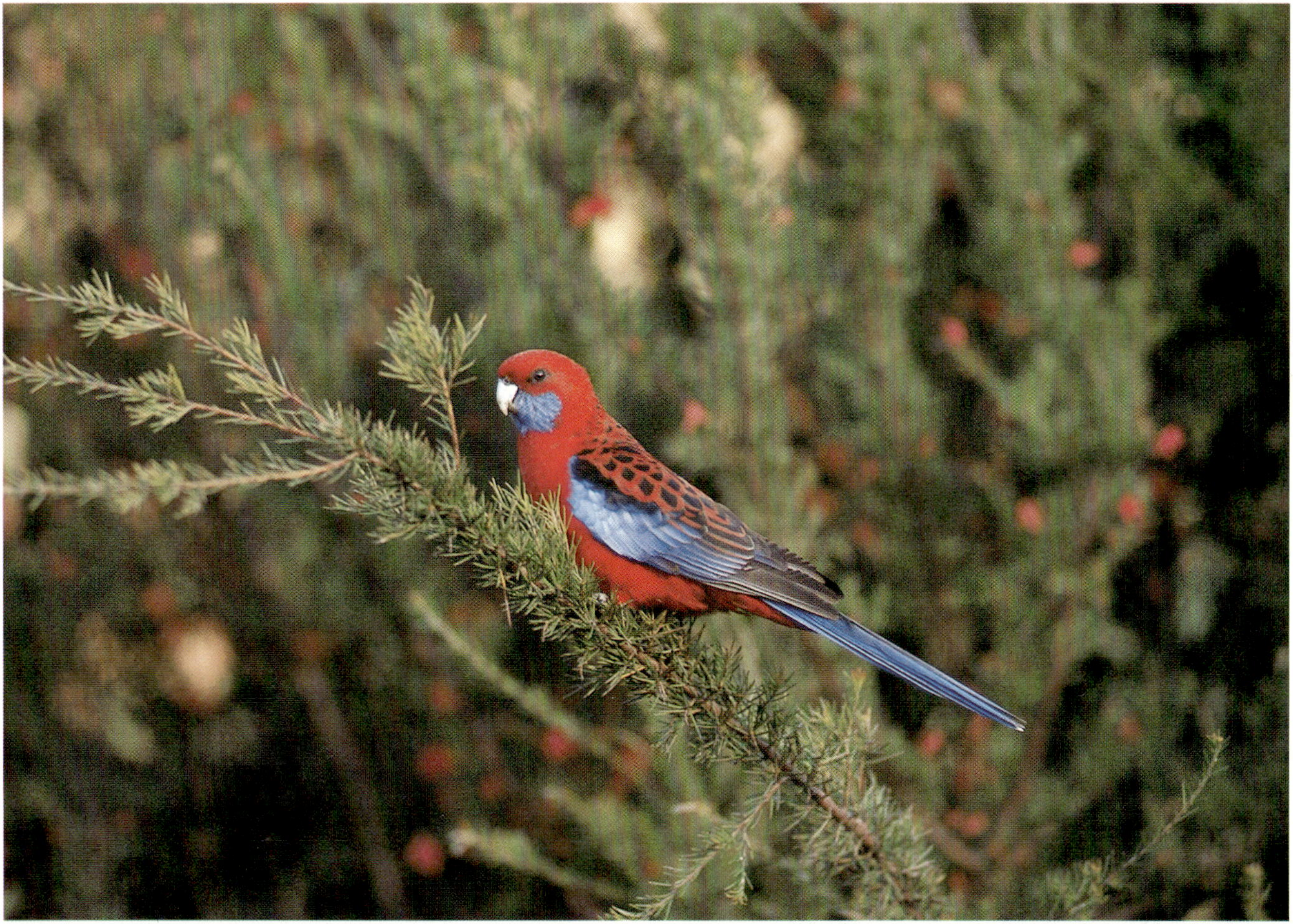

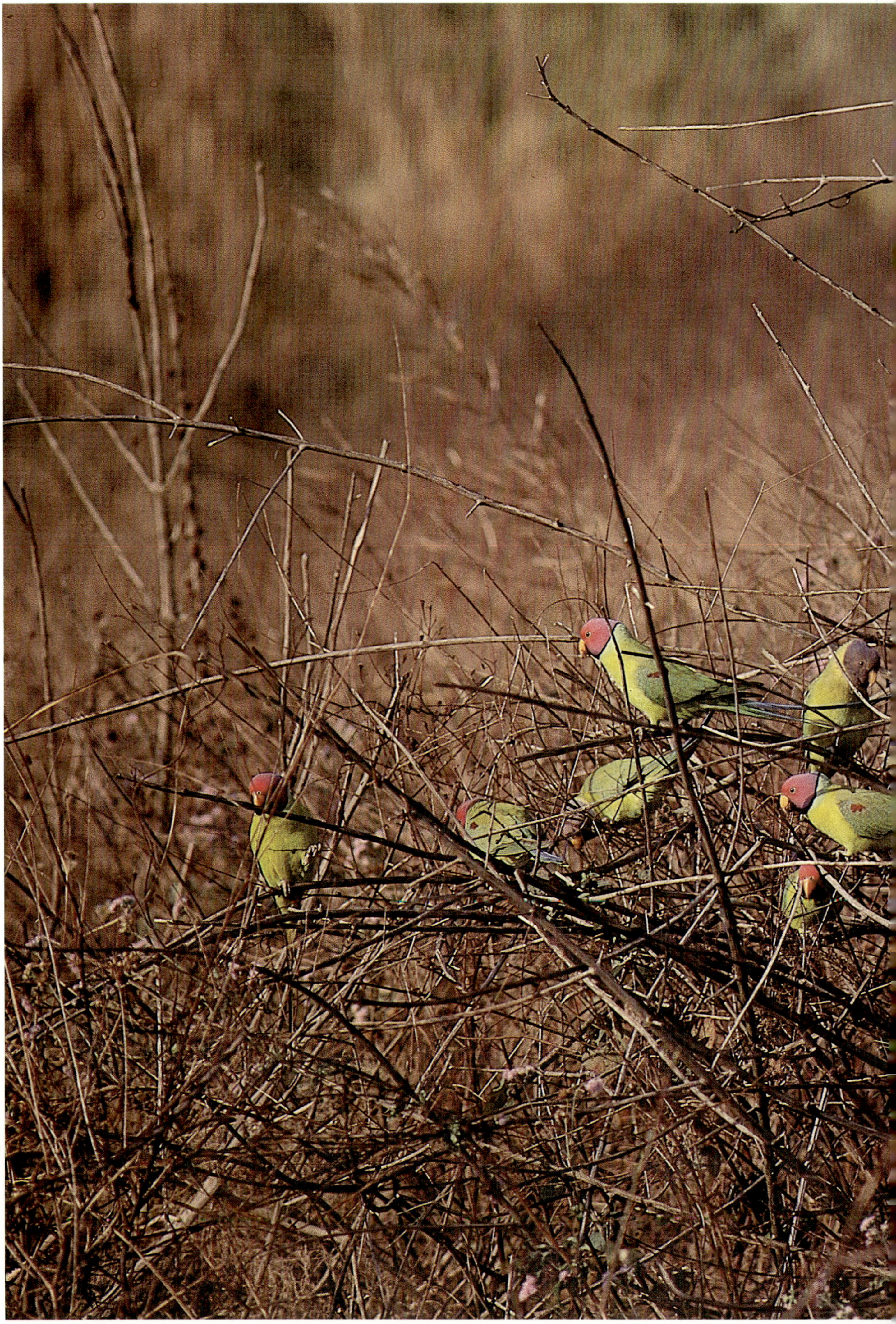

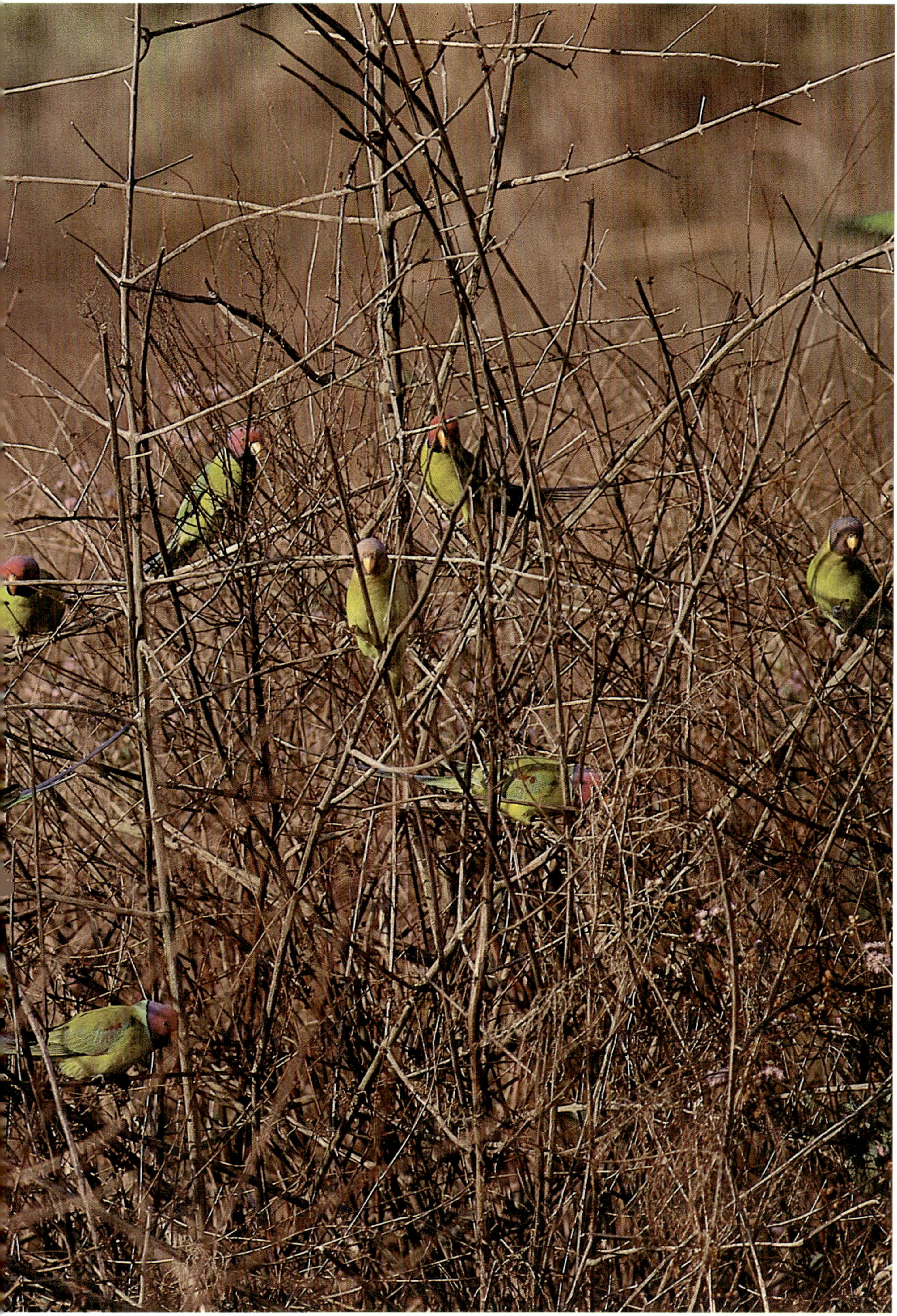

Impressum

Thomas Arndt
Papageien – ihr Leben in Freiheit

© Horst Müller-Verlag Walsrode 1986
An der Warnau 33 · 3036 Bomlitz

Alle Rechte der Verbreitung einschließlich der Fotokopie und des auszugsweisen Nachdrucks vorbehalten.

ISBN 3-923269-25-0

Für die Mitarbeit sowie die freundliche Bereitstellung von Bildmaterial möchte ich an dieser Stelle nochmals danken. Folgende Wissenschaftler, Fotografen und Bildagenturen haben geholfen, das vorliegende Buch zu illustrieren:

Australien	Charles A. Hibbert 129 beide, F. E. Lewitzka 186
Brasilien	Claudio Marigo 21 oben, 62, 75, 98 oben, 123, 164, 165, 169 beide Haraldo Palo 112, 133 beide, 147 oben, Dr. Paul Roth 41 unten, 42, 67 oben, 76 oben, 77 links, 81 oben, 89 ganze Seite, 128 beide, 187, 188 Don Wells 167 oben
Chile	Gustave Cruz 182, 183, 184
Dänemark	Claus Nielsen 37 oben und unten, 48, 51, 80 oben und unten, 94, 103 unten, 115 oben, 125 unten, 150 Povl Jørgensen 34, 83 Peter Them 16 rechts, 58 unten
Deutschland	Thomas Arndt 145 beide Horst Bielfeld 135, 142 Siegfried Bischoff 79 oben und unten H. Bregulla 131 Wolf W. Brehm 49 K. Cappel 58 oben Karl Diefenbach 65 oben, 121 unten, 162 unten Franz Eppele 33 unten Dr. Angelika Fergenbauer-Kimmel 111 oben, 114 Prof. Dr. Klaus Immelmann 61 links unten Dr. Claus König 38 rechts, 39, 46, 54 oben, 55 unten, 64, 103 oben, 119 unten Heinz Leibfarth 153, 162 oben, 189 Günter Mühlhaus 57 oben Wolfgang Nelke 61 oben links und rechts, 158 beide Robert Prange 38 links Hans Reinhardt 25 unten, 120 Dieter Rinke 27 Prof. Dr. K. Schmidt-König 132 links Dr. Ulrich Schürer 122 Josef Schumacher 47 unten, 60 unten Dr. Hans Strunden 142 oben Klaus Trogisch 178 beide, 179, 181 Roland Veith 17, 28

Seite 1: Rotnackenlori (*Trichoglossus h. rubritorquis*).
Seite 3: Pennantsittich (*Platycercus elegans*).
Seite 4/5: Pflaumenkopfsittiche (*Psittacula cyanocephala*).

	Karl W. Steinert 32 oben, 60 oben, 99 oben Allmut Unterhorst 106 links Vogelpark Walsrode 13, 16 links oben und unten, 30 rechts und links, 36 unten, 50 unten, 52, 54 unten, 57 unten, 77 rechts, 81 unten, 102 rechts, 106 rechts, 142 links, 167 unten, 168 beide Paul Willy 88 Günter Ziesler 4/5, 29, 63, 90/91, 96, 102 links, 111 unten, 124, 126, 154
Mexiko	Dr. Jesús Estudillo López 130
Neuseeland	Don Merton 139 rechts, 172, 173, 174 beide Dr. Kim Westerskov 59 unten, 137
Niederlande	Dr. P. E. Roders/Dr. S. Tol 3, 22, 23, 24, 26 oben, 32 unten, 65 unten, 72 oben und unten, 92/93, 105, 108, 110 beide, 121 oben, 125 oben, 138, 148 G. Ebben 170 rechts
Schweden	Thomas Brosset 50 oben, 66, 73, 134 links, 170 links Bengt Johannsson 55 oben, 107
Schweiz	Hans D. Dossenbach 35, 41 oben, 53, 69 unten, 82 unten, 86 unten, 97, 100, 118 unten, 134 rechts Dr. Baltasar Dubs 98 unten, 132 rechts
St. Vincent	Giovanni Mugiasca 56
U.S.A.	Dr. Herbert R. Axelrod 31, 163 Dirk Lanning 127 beide, 155, 156, 157 Loren McIntyre 40 Tony Silva 34 Helen Snyder 177 Noel Snyder 140, 141, 175 James Wiley 171 Zoological Society of San Diego 26 unten

Bildagenturen:
Tony Angermayer: 113, 160
Anthony: Fritz Prenzel 86 oben
ARDEA: D. Avon 87 unten, Graeme Chapman 104
Bavaria: Hanumantha Rao 180
Coleman: Jen und Des Bartlet 18 oben, 44, 47 oben, 68, 76 unten, 85 unten, 144, 149; Mark Boulton 115 unten; Brian J. Coates 78, 82 oben, 85 oben
Bruce Coleman 43, 136; Alain Compost 12 unten, 84; Francisco Enrize 15, 101, 147 unten; D. W. Frith 118 oben; O. Langrand 20; Leonard Les Rue 67 unten; C. Marigo 21 unten; Fredy Mercay (WWF) 119 oben; Graham Pizzey 1; M. E. Soper 92 unten; D. Trounson 9, 19; K. Wothe 11, 69 oben;
Jacana: Jean-Paul Ferrero 95 rechts; J. M. Lebat 18 unten; Nardin 14 links; J. Robert 14 rechts; Jean-Philippe Varin 159; Günter Ziesler 146
Photobank Auckland: C. R. Veitch 7, 59 oben, 109, 117
Fritz Prenzel: 33 oben, 45, 143
WWF: Dr. H. J. Jungius 161
ZEFA-Bildagentur: D. Baglin 25 oben; L. Lemoine 10; Revers-Widauer 12 oben
Die Bilder auf Seite 70/71 und 152 wurden mit freundlicher Genehmigung von LANSDOWNE PRESS, Sydney/Australien, dem Buch JOHN SCOBLE, The Complete Book of Budgerigars, entnommen.

Inhaltsverzeichnis

Vorwort 8
Was ist ein Papagei? 9
Warum sind Papageien so bunt? 13
Wie alt werden Papageien? 29
Wo leben die Papageien? 35
   Ein Leben im tropischen Regenwald . . 40
   Die Savannenbewohner 43
   Die Gebirgsbewohner 50
   Die Inselbewohner 57
   Die Stadtbewohner 60
Was fressen Papageien? 63
   Die Freßwerkzeuge 66
   Wie Papageien trinken 69
   Die Allesfresser 75
   Die Wählerischen 77
   Die Spezialisten 78
   Die Animalischen 83
   Die Loris 84
   Die Zusatzkost 88
Wie leben die Papageien? 93
   Die Nachtschwärmer 101
   Die Bodenständigen 104
   Die Reiselustigen 106
Wie brüten Papageien? 109
   Die Partnersuche 112
   Der Casanova 115
   Die erste Brut 118
   Das Liebesspiel 120
   Wohin mit den Eiern? 122
   Die Baumhöhlenbrüter 122
   Die Baumlosen 126
   Untermieter bei Termiten 130
   Die Baumeister 132
   Die Bodenbrüter 137
   Das Gelege 142
   Die Kinderstube 145
   Die Rabeneltern 150
Warum sind Papageien bedroht? 153
   Die Vernichtung des Lebensraumes . . 156
   Die Papageienjagd 158
   Der Fang für den Hausgebrauch . . . 162
   Der Handel 166

Ziegensittich (*Cyanoramphus n. novaezelandiae*) an der Bruthöhle.

Rettung in letzter Minute? 171
   Der Kakapo 172
   Die Puerto Rico-Amazone 175
   Der Echosittich 179
   Die Rettung wäre einfach 182
   Der Goldbauchsittich,
   eine Zukunft im Ungewissen 185
   Der Spix-Ara –
   keine Chance in der Freiheit? . . . 187
Papageien-Schutzprojekte 189
Register 189

Vorwort

Als mir vor einigen Jahren ein Freund einige Aufnahmen freilebender Papageien zeigte, die er in Südamerika aufgenommen hatte, war ich hingerissen. Bislang kannte auch ich nur die Papageien aus den Sammlungen der Museen oder als gekäfigte Vögel, die bestenfalls in den Zoologischen Gärten noch frei auf einem Kletterbaum saßen, oft aber mit ihren gestutzten Flügeln doch etwas kümmerlich in den kahlen Ästen ihres Kletterbaumes herumturnten. Und nun diese Bilder! Was war das doch für ein Unterschied, welche Welten trennten die Gefangenschaftsvögel von ihren freien Artgenossen!

Vielleicht wird auch den einen oder anderen Leser beim Durchblättern des vorliegenden Buches dieselbe Faszination ergreifen, die ich damals spürte, zumindest aber wird er verstehen, daß sich in mir spontan der Wunsch regte, aus diesem Bildmaterial ein Buch zu gestalten.

Wer sich näher in der großen Familie der Papageien auskennt, der weiß, wie abwechslungsreich ihr Leben verläuft, welche verschiedenartigsten Anpassungsformen und Überlebensstrategien diese Vögel im Verlaufe der Evolution entwickelt haben und wie wenig schwierig es ist, hieraus die geeigneten Themen für ein interessantes Buch zu nehmen. Aber wer schon einmal versucht hat, Papageien in freier Natur aufzunehmen, der weiß ebenfalls, welche enormen Leistungen die Photographen für dieses Buch erbracht haben. Vor allem gilt ihnen mein besonderer Dank. Auch deshalb, weil viele der Wissenschaftler, Naturschützer und Berufsphotographen, die ich um Bildmaterial bat, mich spontan unterstützten und mir auch zum Teil Aufnahmen überließen, deren außerordentlicher Wert nur von Kennern der Papageienvögel richtig eingeschätzt werden kann. Die Namen aller Photographen befinden sich in einer gesonderten Aufstellung im Impressum des Buches.

Besonders am Herzen lag mir bei diesem Buch, auch auf die weltweite Gefährdung der beliebten Vogelgruppe hinzuweisen, die heute unaufhörlich fortschreitet. Viele Halter der bunten Stubengenossen oder Volierenvögel wissen noch immer nicht, daß vor allem die Umweltzerstörung auch schon ihren Tribut den Papageienvögeln abverlangt hat.

So soll dieses Buch nicht nur einen Querschnitt durch die Vielfalt der Papageienvögel und ihrer Lebensweisen vermitteln, es soll vor allem Verständnis für die Tiere wecken, für eine Vogelgruppe, die zwar jeder kennt, über die aber kaum jemand eigentlich etwas weiß.

Bretten-Rinklingen, im Juli 1986

Thomas Arndt

Seite 9: Zwergmoschuslori (*Glossopsitta pusilla*).

Was ist ein Papagei?

Dieser Hyazinthara (*Anodorhynchus hyacinthinus*) zeigt deutlich, daß die Füße von Papageien als Greifwerkzeuge verwenden.

Was ist ein Papagei?

Von vielen Papageien wird der kräftige Schnabel auch zum Klettern eingesetzt, wie hier die Gelbnacken-Amazone (*Amazona o. auropalliata*) vorführt.

Jeder kennt Papageien. Nur, wenn man auf Anhieb sagen müßte, was einen Papagei eben zu diesem macht, hat man wahrscheinlich schon Schwierigkeiten. Es ist genauso, als wenn man jemanden fragt, was einen Vogel zum Vogel macht. Die meisten werden antworten, daß er fliegen kann. Das ist natürlich nicht falsch, aber es gibt viele Säugetiere, die dies auch können (man denke nur an die Fledermäuse), und viele Vögel, die es, wie zum Beispiel der Strauß, nicht beherrschen. Auch das Eierlegen und der Schnabel trifft nicht allein für die Vögel zu, wie viele Reptilien oder das Schnabeltier verdeutlichen. Tatsächlich sind es allein die Federn. Und wie jeder Vogel eben durch sie gekennzeichnet ist, so sind die typischen Papageienmerkmale die besondere Konstruktion des Schnabels und die Anordnung der Zehen.

Die Ähnlichkeit des Papageienschnabels mit dem der Eulen oder Greifvögel ist für die meisten Betrachter sehr auffallend. Das liegt an der starken Krümmung und an der sogenannten Wachshaut, in der die Nasenlöcher liegen, und die allen gemeinsam sind. Bei den „Krummschnäbeln", wie die Papageien auch genannt werden, ist der Oberschnabel aber zusätzlich beweglich.

Die Zehen der Papageien sind paarweise angeordnet, d.h. zwei zeigen nach vorne, zwei nach hinten. So etwas findet man in der Vogelwelt nur sehr selten. Die Spechte besitzen z.B. auch solche Füße, bei ihnen dienen sie aber als Klammerorgan, denn schließlich müssen sie sich ja bei ihrer täglichen Nahrungssuche an der Baumrinde festklammern. Bei den Papageien sind sie hingegen als Greiforgan ausgebildet. In dieser Funktion

Was ist ein Papagei?

hat sie wohl schon jeder bei den großen Papageien gesehen. Wer nicht, der drücke am besten dem nächsten Ara, der ihm begegnet, einmal eine Erdnuß in die Krallen und achte darauf, wie er sie hält.

Jede Vogel, der also die oben genannten Merkmale besitzt, zählt zu den Papageien. Ein Wellensittich ist daher genauso einer wie ein Ara, Kakadu oder Lori. Im Grunde genommen ist es daher falsch, von einem „Sittich" oder einem „Papagei" zu sprechen, schließlich ist auch ein Sittich nur ein Papagei. Es hat sich aber im Laufe der Jahrzehnte eingebürgert, kleine Papageien mit langen Schwänzen als „Sittiche" zu bezeichnen.

Bis heute haben es die Ornithologen, was lediglich die wissenschaftliche Bezeichnung für Vogelkundler ist, schwer gehabt, die aus 328 Arten bestehende Familie der Papageien im System der Vögel unterzubringen. Die charakteristischen Merkmale zeigen eben doch einen zu großen Unterschied zu anderen Vogelgruppen auf. Es scheint aber so, als ob die nächsten Verwandten unter den Hühnervögeln, Tauben, Turakos oder Kuckucksvögeln zu suchen wären. Sicher wird es noch Jahrzehnte dauern, bis man diese Frage endgültig klären kann.

Bild oben: Selbst der große Grünflügelara (*Ara chloroptera*) besitzt mit seinem riesigen Schnabel ein „Präzisionswerkzeug".
Bild unten: Breitbinden-Allfarblori (*Trichoglossus h. haematodus*).

Bild Seite 13: Erzloris (*Lorius domicellus*).

Warum sind Papageien so bunt?

Warum sind Papageien so bunt?

Grünflügelaras (*Ara chloroptera*).

Mohrenkopfpapagei (*Poicephalus senegalensis*).

Warum ein bestimmter Vogel gerade so gefärbt ist, wie man ihn heute kennt, ist in der Natur eigentlich nie etwas Zufälliges. Nicht nur im Verhalten oder in der Lebensweise muß sich jedes Tier seiner Umwelt anpassen, sondern nicht zuletzt auch in seinem Aussehen. Daher hat das Gefieder aller Vögel, also auch der Papageien, immer eine bestimmte Funktion, die letztendlich das Bestehen der Art mit sichern hilft. Es gibt zwei Hauptaufgaben, die die Gefiederfärbung der Papageien zu erfüllen hat: auffallen und tarnen.

Beide Funktionen sind innerhalb der Familie weit verbreitet, wenn auch das Auffallen nicht so häufig vorkommt, wie man allgemein vermuten könnte. Typische Vertreter mit einem leuchtenden, auffallenden Gefieder sind die großen Aras wie der Gelbbrustara (*Ara ararauna*), der Hellrote Ara (*Ara macao*) oder der Grünflügelara (*Ara chloroptera*). Ihr Gefieder signalisiert allen anderen Tieren: Weg da, jetzt kommen wir. Wobei speziell die Aras dies noch durch ihre imponierende Größe unterstreichen können. Der kleine Fächerpapagei (*Deroptyus accipitrinus*) muß da schon zu einem Trick greifen: Um größer und gefährlicher zu wirken, erschreckt er seine Feinde durch das Aufstellen seiner rot-blauen Kopf- und Nackenfedern.

In Afrika finden wir die Mohrenkopfpapageien (*Poicephalus senegalensis*), die durch ihren leuchtend orangenen Bauch beeindrucken wollen, und dieselbe Funktion dürfte bei den so bekannten Graupapageien (*Psittacus erithacus*) der grellrote

Fächerpapagei (*Deroptyus accipitrinus*).

Warum sind Papageien so bunt?

Goldsittiche (*Aratinga guarouba*).

Gelbkopflori (*Trichoglossus euteles*).

Schwanz besitzen, der aufgefächert besonders gut zur Geltung kommt. Eine ähnliche Farbkombination aus Rot und Grau-Schwarz benutzt der Borstenkopf *(Psittrichas fulgidus)* aus Neuguinea. Bei ihm wirkt das Rot besonders grell, da es sich auf Bauch und Unterschwanzdecken erstreckt und von den dunklen Schwanz- und Oberkörperfedern zusätzlich betont wird.

Fairneßhalber muß man allerdings ergänzend hinzufügen, daß bei den meisten Papageien speziell die Gefiederfärbungsfunktion noch nicht richtig erforscht ist. Schließlich setzen viele Vögel ihre Signalfarben auch während der Balz ein. Bei den Papageien ist dies z.B. von den Rabenkakadus *(Calyptorhynchus)* bekannt geworden.

Rostkappenpapagei (*Pionites l. xanthurus*).

Interessanterweise trifft aber auf Papageien eine Regel zu, die besagt, daß der Gelbanteil des Gefieders zunimmt, je näher ein Vogel am Äquator lebt. Schaut man sich die Papageien hiernach an, so trifft diese Zusage gleich auf mehrere zu.

So besitzen in Südamerika die Goldsittiche *(Aratinga guarouba)*, die Sonnensittiche *(Aratinga solstitialis)*, die Rostkappenpapageien *(Pionites leucogaster)* oder die Gelbbrustaras *(Ara ararauna)* ein fast vollständig oder teilweise gelbes Gefieder. Nicht so stark ausgeprägt ist dies im pazifischen Raum, wo man aber noch den Gelbkopflori *(Trichoglossus euteles)* oder den Gelbgrünen Lori *(Psitteuteles flavoviridis)* findet.

Sonnensittich (*Aratinga solstitialis*).

Warum sind Papageien so bunt?

Warum sind Papageien so bunt?

Deutlich zeigen die Abbildungen der Loris, wie sie farblich der Vegetation ihres Lebensraumes angepaßt sind.

Seite 18 oben: Schuppenlori (*Trichoglossus chlorolepidotus*).

Seite 18 unten: Gebirgsloris (*Trichoglossus h. moluccanus*).

Seite 19: Weißbürzellori (*Pseudeos fuscata*).

Bei aber wohl den meisten Papageien dient die Gefiederfärbung als Tarnung. Dies gilt selbst für die wohl buntesten unter ihnen, die Loris. Sie halten sich fast ausschließlich in den blütentragenden Bäumen auf. Durch ihr rot-gelb-blau-grünes Gefieder wirken sie daher von weitem selbst wie eine Blüte, und sie sind deshalb tatsächlich nur sehr schwer zu entdecken. Dies gilt natürlich auch

Warum sind Papageien so bunt?

Große Vasapapageien (*Coracopsis vasa*) sind von der Weite nur schwer erkennbar, ihr dunkles Gefieder tarnt sie ausgezeichnet.

für die Vielzahl der hauptsächlich grün gefärbten Papageien, die meisten Amazonenarten, viele Sittiche oder sonstige Familienvertreter. Besonders wichtig ist die Tarnung natürlich für die Papageien, die hauptsächlich auf der Erde leben. Darüber aber mehr in dem Kapitel „Wie leben die Papageien?".

Eine besonders häufig vorkommende Farbkombination bei den Papageien ist Grün und Rot. Als Beispiel kann man hier die beiden Arten der Soldatenaras (*Ara militaris* und *Ara ambigua*) anführen, aber auch unter den kleineren Papageien, wie den Rotmaskensittichen (*Aratinga mitrata*) oder den afrikanischen Rosenköpfchen (*Agapornis roseicollis*), findet man sie oft. Hier ist aber die Farbintensität von entscheidender Bedeutung. Bei Rot und Grün ist sie identisch (das ist auch der Grund, warum Farbenblinde diese beiden Farben nicht auseinanderhalten können). Aus entsprechender Entfernung ist es daher nicht möglich, beide Farben zu unterscheiden. Sitzen die Vögel dann noch in einem belaubten Baum, ist ihre Tarnung perfekt.

Andere Papageien tarnen sich durch ein „düsteres" Gefieder. Bei ihnen sind alle Farben entweder schwarz oder dunkelbraun, wie etwa beim Großen (*Coraopsis vasa*) und beim Kleinen Vasapapagei (*Coraopsis nigra*), oder sie besitzen eine sehr dunkle Tönung, wie etwa der Kaka (*Nestor meridionalis*). Letzterer braucht diese Tarnung vor allem während der Nacht, wenn er zu neuen Futterplätzen fliegt.

In der Vogelwelt dienen Tarnfarben in erster Linie dem Schutz vor Feinden. Dieser ist natürlich während der Brutzeit besonders wichtig, da sich

Warum sind Papageien so bunt?

Pavuasittiche (*Aratinga l. leucophthalmus*) besitzen als Alttiere einen roten Flügelbug, der dem oben abgebildeten Jungvogel noch fehlt. Dadurch ist er in seinen ersten kritischen Lebenstagen aber noch zusätzlich getarnt und somit besser geschützt.

Bild rechts: Auch diese zwei Taubenhals-Amazonen (*Amazona vinacea*) sind im Blattwerk nur schwer auszumachen.

Warum sind Papageien so bunt?

Das Weibchen des Königssittichs (*Alisterus scapularis*) besitzt eine grüne Kopffärbung. Wenn es auf dem Gelege sitzt, ist es somit ideal getarnt.

dann vor allem die Weibchen für längere Zeit im Nest aufhalten. Bei vielen Vogelarten besitzen sie deshalb im Gegensatz zu ihren Männchen ein sehr schlichtes Gefieder. Diese besondere Schutzfärbung der Weibchen treffen wir auch bei vielen australischen Sittichen an. Sehr deutlich ist sie zum Beispiel bei dem Schildsittich (*Polytelis swainsonii*) und beim Königssittich (*Alisterus scapularis*) ausgeprägt. Bei beiden Arten sind die meisten farbigen Gefiederteile der Männchen bei den Weibchen durch ein Grün ersetzt. In Afrika zeigen diese Geschlechtsunterschiede die Rotbauchpa-

Die leuchtend rote Kopffärbung weist diesen Königssittich als Männchen aus.

pageien *(Poicephalus rufiventris)*. Dem Weibchen fehlt die leuchtend orangerote Bauchfärbung des Männchens.

Eine Ausnahme von dieser Regel machen aber die Edelpapageien *(Eclectus roratus)*. Bei ihnen besitzen die Weibchen ein auffallendes rot-blau-gelbes Gefieder, während die Männchen fast ausschließlich grün gefärbt sind. Man könnte annehmen, daß bei dieser Art vielleicht die Männchen das Brutgeschäft übernommen hätten, aber das ist nicht so. Eine plausible Erklärung hat man

Warum sind Papageien so bunt?

für diese bei den Papageien einzigartige Erscheinung bis heute noch nicht gefunden.

Einige wenige Papageien sind aber durch Zufall zu ihrem Gefieder gekommen. Irgendwann in ihrer Entwicklungsgeschichte ist es bei einem oder mehreren Vögeln einer Art zu einem abnormen, aber erblichen Farbstoffausfall gekommen. Der Fachmann spricht hierbei von einem Hypochromatismus, bekannter geworden sind solche Erscheinungen aber durch den Sammelbegriff Mutation. Solche Mutationen kommen auch bei

Warum sind Papageien so bunt?

Auch Schildsittiche (*Polytelis swainsonii*) besitzen deutliche Geschlechtsunterschiede. Gleichzeitig ist die gelbe Gesichtsmaske aber ebenso Teil der Tarnung, wie auf dem oberen rechten Bild gut zu erkennen ist.

Warum bei den Edelpapageien (*Eclectus roratus*) das Weibchen das leuchtendere rote Gefieder besitzt, ist bis heute noch nicht genau bekannt.

Warum sind Papageien so bunt?

Nur sehr selten überleben Mutanten, wie dieser Prachtrosella (*Platycercus eximius*), im Freiland.

Saphirloris (*Vini peruviana*) gehören zu den wenigen Mutationen, aus denen sich im Laufe der Evolution eine eigene Art gefestigt hat.

den Papageien verhältnismäßig häufig vor. So findet man auch unter den freilebenden Vögeln immer wieder blaue, gelbe oder aufgehellte Tiere. In der Regel haben diese aber kaum eine Überlebenschance. Innerhalb eines Schwarmes fallen sie buchstäblich wie ein „bunter Hund" auf, sie werden deshalb meist schnell Opfer eines Greifvogels oder eines anderen Feindes. Oft sind es schwächliche Tiere, die den Strapazen eines Papageienlebens sowieso nicht lange gewachsen sind.

Gelegentlich setzt sich eine Mutation im Laufe der Jahrhunderte aber auch durch. Das bekannteste Beispiel hierfür ist der Saphirlori (*Vini peruviana*). Er ist wahrscheinlich eine blaue Mutation des Blaukäppchens *(Vini australis)*. Diese Art war ursprünglich auf vielen pazifischen Inseln weit verbreitet. Auf den Gesellschafts- und einigen anderen Inseln konnten sich langsam die blauen Vögel durchsetzen und zu einer eigenen Art stabilisieren. Hieraus entwickelte sich sogar noch eine weitere blaue Art: der Smaragdlori *(Vini ultramarina)* von den Marquesas-Inseln.

Warum sind Papageien so bunt?

Blaukäppchen (*Vini australis*).

Jendayasittich (*Aratinga jandaya*). **Bild Seite 29: Halsbandsittich** (*Psittacula krameri*).

Wie alt werden Papageien?

Wie alt werden Papageien?

Graupapagei (*Psittacus erithacus*).

Nacktaugenkakadu (*Cacatua sanguinea*).

Wie alt Papageien werden können, ist von einigen Gefangenschaftsexemplaren gut bekannt. So ist ein Alter von 40 bis 50 Jahren für Amazonen oder Graupapageien (*Psittacus erithacus*) keine Seltenheit. Das höchste Alter unter den Papageien scheinen die Kakadus zu erreichen. So ist von einem Nacktaugenkakadu (*Cacatua sanguinea*) bekannt, daß er das stolze Alter von 80 Jahren erreichte, und ein Gelbhaubenkakadu (*Cacatua galerita*) namens „Cocky Bennett" hält mit 120 Jahren den stolzen Rekord. Von ihm wurde berichtet, daß er in seinen letzten Lebensjahren keine Federn mehr besaß, aber immer noch munter rief: „I'll fly, I'll fly. One more feather and I'll fly", was übersetzt heißt: „Ich will fliegen, ich will fliegen. Eine Feder mehr und ich würde fliegen."

Ein Wellensittich *(Melopsittacus undulatus)* hingegen ist im Alter von 15 Jahren schon ein Greis, und die meisten anderen Sittiche dürften wohl auch nicht viel älter als 20 bis 25 Jahre werden.

Über die Lebenserwartung der freilebenden Papageien existieren nur aus Australien einige Daten. Dort hat man bereits vor Jahren angefangen, Kakadus und Sittiche zu beringen. Genaue Angaben konnten diese Aktionen bis jetzt noch nicht erbringen, da man in der Regel Tiere zur Beringung eingefangen hatte, von denen man ihr bisheriges Alter nicht kannte und wie bei allen Papageien auch nur schlecht schätzen konnte. Gelangten die Vögel dann wieder in die Hände der Vogelkundler, so meist deshalb, weil sie eines unnatürlichen Todes gestorben waren. Viele von ihnen waren von fahrenden Autos erfaßt worden, andere hatten sich in Hasenfallen verfangen, einige der Tiere waren aber auch erneut in die Netze der Beringer geflogen. Diese hatten natürlich Glück im Unglück: Nachdem ihre Daten erfaßt waren, entließ man sie wieder in die Freiheit.

Bild Seite 31: Auch Gelbbrust-Aras (*Ara ararauna*) können ein hohes Alter erreichen.

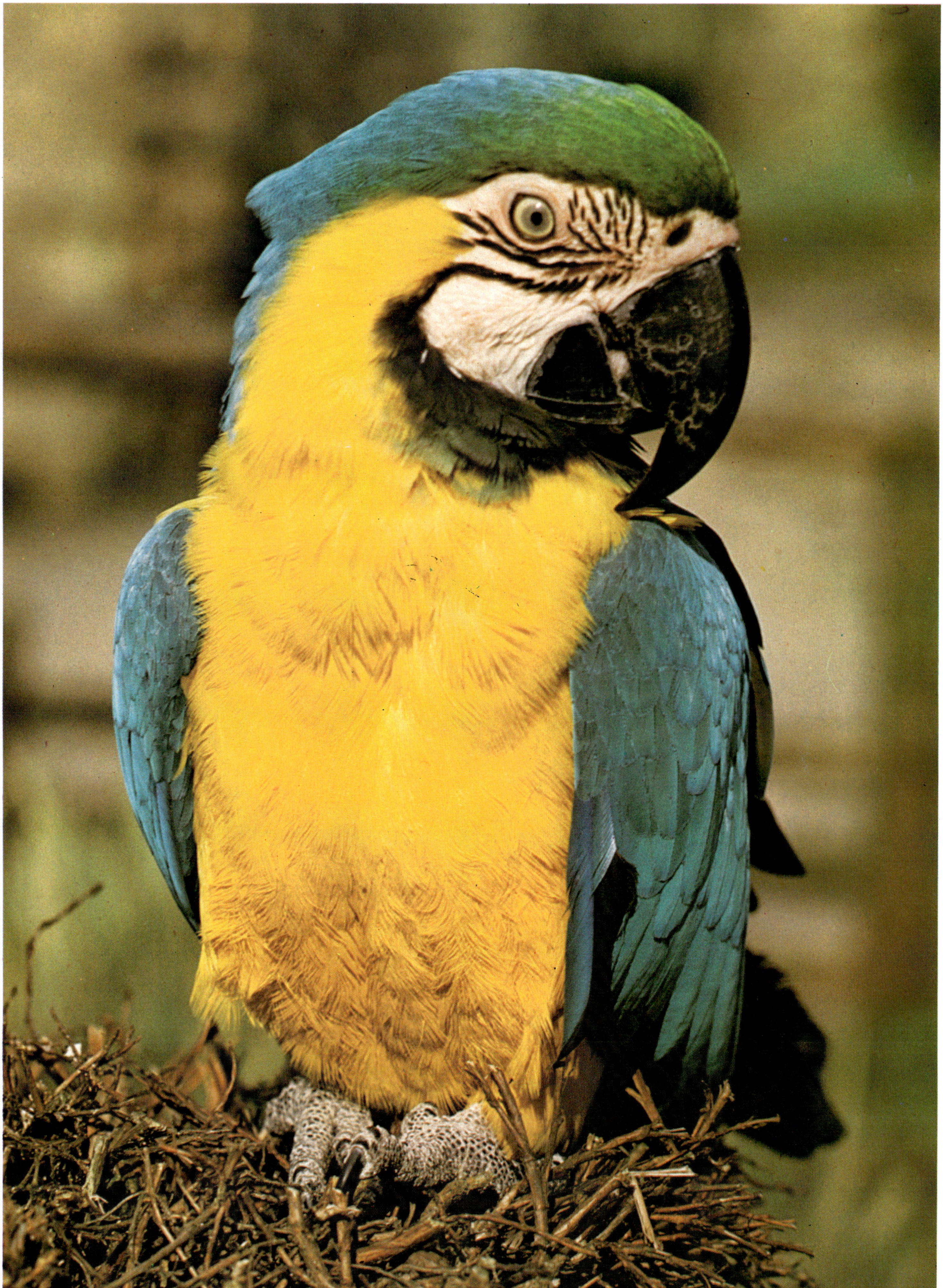

Wie alt werden Papageien?

Ein Schwarm fliegender Nacktaugenkakadus (*Cacatua sanguinea*). Beringungsaktionen haben gezeigt, daß auch die freilebenden Vögel ein hohes Alter erreichen können.

Singsittich (*Psephotus haematonotus*).

Wie alt werden Papageien?

Viele der freilebenden Prachtrosellas (*Platycercus eximius*) wurden beringt, um Aufschlüsse über ihre Lebenserwartung und ihr Zugverhalten zu bekommen.

Immerhin lassen die bisherigen Ergebnisse vermuten, daß die Lebenserwartungen der freilebenden Papageien recht hoch sind. Viele der registrierten Vögel, darunter Nacktaugen- und Gelbhaubenkakadus, Prachtrosellas *(Platycercus eximius)* oder Singsittiche *(Psephotus haematonotus)*, trugen ihre Ringe bereits seit 8 oder 10 Jahren und mußten also schon recht alt sein.

Ansonsten gilt für Papageien, was auch für die meisten anderen Vögel der Erde gilt: Der für sie bedrohlichste Lebensabschnitt ist das Jugendalter. Hilflosigkeit oder Unerfahrenheit machen sie anfällig für die verschiedensten Gefahren oder Feinde. Haben Sie aber erst einmal ihre Jugendzeit hinter sich, können sie uralt werden.

Ein großes Problem können manchmal seuchenähnliche Krankheitsausbrüche werden. Sie mindern nicht nur die Lebenserwartung des einzelnen Vogels, sondern bedrohen oft sogar den Bestand der ganzen Art.

Die erste aufsehenerregende Erkrankung einer Papageienart ist aus den Jahren 1887 und 1888 bekannt, als plötzlich in den Adelaide-Bergen in Süd-Australien nackte Singsittiche *(Psephotus haematonotus)* gesichtet wurden. Während ihrer

Diesem jungen Bauers Ringsittich (*Barnardius z. zonarius*), der in W-Australien fotografiert wurde, fehlen die Schwingen.

33

Wie alt werden Papageien?

Mauser, dem jährlichen Gefiederwechsel, waren zwar die alten Federn ausgefallen, aber keine neuen mehr nachgewachsen. Völlig flugunfähig rannten die Sittiche nun auf dem Erdboden umher, wo sie die leichte Beute ihrer Feinde wurden.

Im Januar 1939 fielen in der Nähe von Adelaide in Süd-Australien plötzlich Adelaidesittiche *(Platycercus adelaidae)* tot von den Bäumen. Da zu dieser Zeit gerade eine langandauernde Dürreperiode herrschte, führte man diese seltsamen Ereignisse auf den Wassermangel zurück, unter dem die Vögel zu leiden hatten. Nachdem aber auch aus anderen Landesteilen mit normalen klimatischen Verhältnissen ähnliche Hiobsbotschaften kamen, stellte sich heraus, daß die Sittiche unter einer der bekanntesten Epidemien litten: der Papageienkrankheit. Einige Jahre zuvor hatte man diese schon bei Königssittichen *(Alisterus scapularis)* in Victoria und bei Prachtrosellas *(Platycercus eximus)* auf Tasmanien festgestellt.

Langschnabelsittiche (*Enicognathus leptorhynchus*).

In Südamerika traf das Schicksal einer Epidemie den chilenischen Langschnabelsittich *(Enicognathus leptorhynchus)*. Ab Anfang der 60er Jahre konnte man beobachten, daß der Bestand immer stärker abnahm. Anfangs vermutete man die Newcastle-Krankheit als Ursache, da die Vögel schnell starben und keine typischen Symptome zeigten, die auf eine andere Krankheit hätten hinweisen können. Später entdeckte man aber, daß es sich um Hühnerpocken handelte. Diese werden durch den körperlichen Kontakt von Tier zu Tier übertragen, was sich bei dem geselligen Leben der Langschnabelsittiche natürlich fatal auswirkte. Wie viele andere Papageien schlafen sie nämlich außerhalb der Brutzeit zu Hunderten dichtgedrängt auf bestimmten Schlafbäumen. Nur deshalb war es möglich, daß örtlich ganze Populationen wegstarben. Es dauerte Jahrzehnte, bis die Sittiche diese Krankheit, die sie nahe an den Rand des Aussterbens brachte, endlich überwunden hatten. Heute erholen sich ihre Bestände wieder langsam. Damit hat dieser interessante Papagei mehr Glück gehabt als die Chile-Taube *(Columba araucana)*, die an derselben Seuche litt und deren Überleben immer noch nicht sicher ist.

Auch Königssittiche (*Alisterus scapularis*) hatten schon unter Epidemien zu leiden.

Bild Seite 35: Ein Schwarm Pennantsittiche (*Platycercus elegans*) bei der Futtersuche.

Wo leben die Papageien?

Wo leben die Papageien?

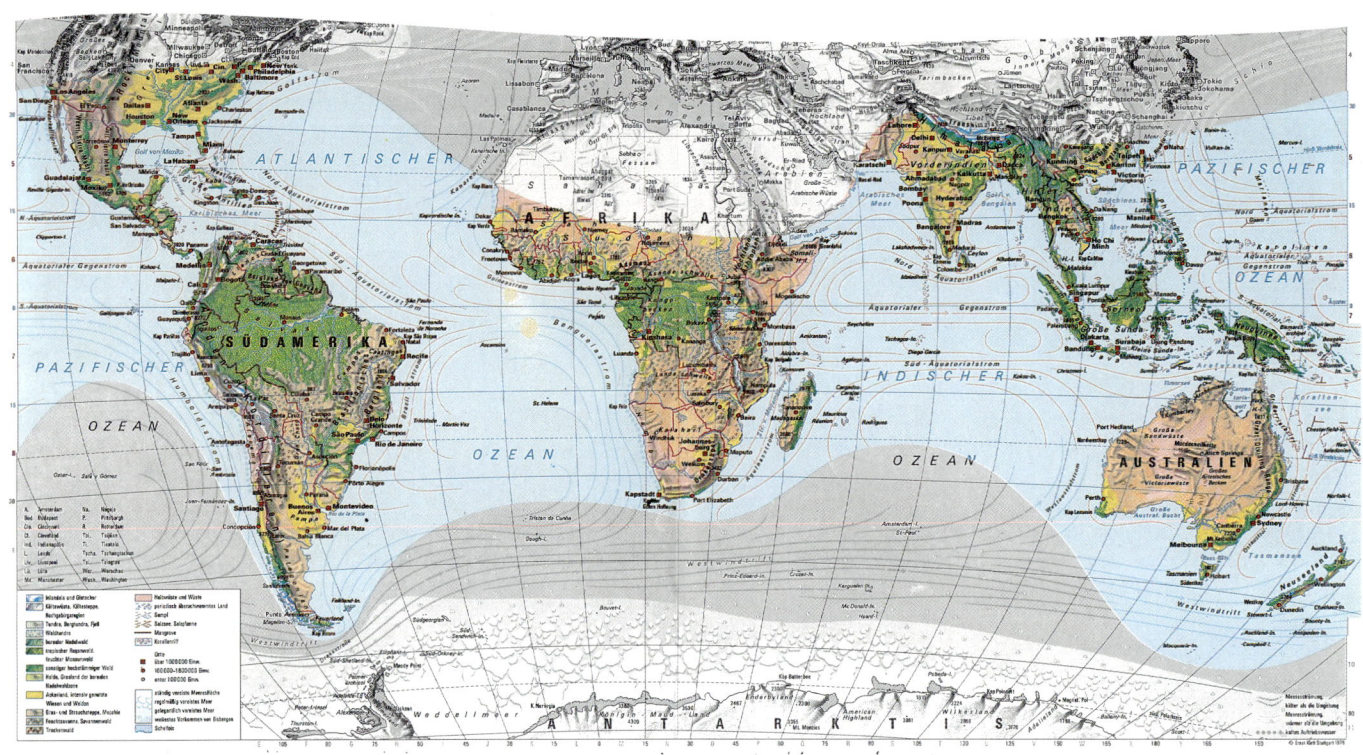

Verbreitungszone der Papageien. Verkleinerung nach Alexander Weltatlas Gesamtausgabe. Nachdruck mit freundlicher Genehmigung des Ernst Klett Verlags, Stuttgart

Borstenkopfpapagei (*Psittrichas fulgidus*).

Mit Ausnahme von Europa leben Papageien heute auf allen Kontinenten. Das war nicht immer so. Früher gab es vermutlich auch Papageien in Europa. In der Nähe von Allier entdeckte man das Skelett eines Vogels (er erhielt den erhebenden Namen *Archaeopsittacus verreauxi*), der ein möglicher Urahn der Familie gewesen sein könnte, und der immerhin schon vor ungefähr 30 Millionen Jahren gelebt hat.

Den Geburtsort, oder besser gesagt den Entstehungsort der Papageien vermutet man allerdings im Gebiet von Nord-Australien und Neuguinea. Der Grund hierfür ist einleuchtend: Nachdem man die große Papageienfamilie erst einmal geordnet und übersichtlich in sieben Unterfamilien aufgeteilt hatte, stellte man rasch fest, daß alle sieben Familienzweige in dem oben genannten Gebiet vorkamen. Allein Neuguinea beherbergt fünf, Neuseeland die anderen zwei Unterfamilien.

Wo leben die Papageien?

Der Kea (*Nestor notabilis*) – Bild oben – und der Kaka (*Nestor meridionalis*) – rechts – zählen zu den stammesgeschichtlich ältesten Papageienarten.

Der im Innern von Neuguinea lebende Borstenkopfpapagei *(Psittrichas fulgidus)* und die neuseeländischen Nestorpapageien dürften wohl die Urväter aller heutigen Arten sein. Sie kommen zumindest den ausgestorbenen Urpapageien sehr nahe. Und betrachtet man sich ihr Äußeres, so fällt unschwer auf, daß sie mit den „jüngeren" Vertretern der Familie, wie den Aras oder den Loris, nicht viel gemeinsam haben.

Doch zurück zu der eigentlichen Frage. Wo leben denn nun diese Papageien eigentlich? – Für viele Menschen ist dies eine höchst überflüssige Frage, weiß doch jeder, daß die bunten Gesellen dort zu

Wo leben die Papageien?

Schwarzkopfedelsittich
(*Psittacula himalayana*).

rechts: **Smaragdsittich**
(*Enicognathus ferrugineus*).

Hause sind, wo es heiß ist und wo der tropische Regenwald vorkommt. Selbstverständlich haben diese „Experten" recht, hier leben die Papageien natürlich auch – aber eben nur auch. Das wird sofort deutlich, wenn man sich die Nord- und Südbegrenzung der Papageienvorkommen näher betrachtet. So findet man in Ost-Afghanistan (34° nördlicher Breite) noch den Schwarzkopfedelsittich *(Psittacula himalayana)* und auf Feuerland (55° südlicher Breite) den Smaragdsittich *(Enicognathus ferrugineus)*. Wie unterschiedlich die Lebensräume der Papageien tatsächlich sind, zeigt wohl am deutlichsten die nachfolgende Übersicht.

Wo leben die Papageien?

Diese Aufnahme zeigt den Moreno-Gletscher in der argentinischen Provinz Santa Cruz. Entlang seiner Flanken trifft man regelmäßig die Smaragdsittiche, denen das rauhe Klima nichts ausmacht.

Wo leben die Papageien?

Ein Leben im tropischen Regenwald

Es stimmt schon, viele der Papageien leben im tropischen oder subtropischen Regenwald, die meisten unter ihnen halten sich hier aber bevorzugt entlang der zahlreichen Flußläufe auf. Im ganzen ist der Regenwald für Papageien ein idealer Lebensraum: Es herrscht fast immer eine hohe Temperatur von tagsüber zwischen 25 °C und 30 °C, und nachts sinkt sie kaum einmal unter 20 °C. Die Niederschläge verteilen sich gleichmäßig über das ganze Jahr. Hierbei gedeiht die Pflanzenwelt natürlich prächtig, und das Nahrungsangebot ist für Papageien deshalb vielseitig.

Man könnte nun meinen, die verschiedenen Bewohner würden den gesamten Wald in Anspruch nehmen. Das ist aber nicht der Fall,

Bild oben: Ein seltener Anblick – ein Schwarm Hellroter Aras (*Ara macao*) überfliegt den tropischen Regenwald.

rechts oben: Oft bilden die Hellroten Aras (*Ara macao*) und die Grünflügel-Aras (*Ara chloroptera*) gemeinsame Schwärme, die zusammen auf Futtersuche gehen oder sich in den hohen Bäumen des Regenwaldes zur Rast niederlassen.

rechts unten: Gelbflügelsittiche (*Brotogeris c. chrysosema*) bewohnen die unteren Etagen des Regenwaldes. Bevorzugt halten sie sich entlang der Flußläufe auf.

Wo leben die Papageien?

41

Wo leben die Papageien?

Die Rotbauchsittiche (*Pyrrhura p. perlata*) suchen sich ihr Futter bevorzugt in den unteren Vegetationsschichten des Regenwaldes.

denn jede Papageienart bewohnt nur eine ganz bestimmte Vegetationsschicht des Waldes, und hierin hat sie sich meist auch noch auf bestimmte Pflanzen, Bäume, Brut- oder Ernährungsformen spezialisiert. Der Wissenschaftler spricht hier von der Besetzung einer „ökologischen Nische".

Wie sieht so etwas nun an einem konkreten Beispiel aus? Im südlichen Amazonasgebiet von Brasilien kommen 17 verschiedene Papageienarten vor. Hier werden die höchsten Baumriesen von den großen Grünflügelaras (*Ara chloroptera*) und den Hellroten Aras (*Ara macao*) besetzt; in 25 m bis 35 m Höhe lassen sich die Natterer- (*Amazona o. nattereri*) und die Mülleramazonen (*Amazona f. farinosa*) nieder, in 15 m bis 20 m die Fächerpapageien (*Deroptyus a. fuscifrons*) und in den noch tieferen Waldschichten findet man die kleineren Papageien wie den Rotbauchsittich (*Pyrrhura p. perlata*) oder den Gelbflügelsittich (*Brotogeris c. chrysosema*). Jedem dieser Vögel ist ein ganz bestimmter Lebensraum zugewiesen, in dem die Konkurrenz der anderen Arten nicht befürchtet werden muß.

Dies wird noch deutlicher, wenn man sich die Brutzeiten der verschiedenen Papageienarten in diesem Gebiet anschaut. Der Hellrote Ara brütet in der Zeit von Oktober bis Januar. Da große Bruthöhlen auch im tropischen Regenwald nicht in Hülle und Fülle vorhanden sind, brüten die Grünflügelaras erst ab Februar. Jetzt sind die Nisthöhlen nämlich wieder von den Hellroten Aras verlassen worden. Ein ähnliches Abkommen haben auch die Amazonen getroffen: Die Nattereramazone zieht ihre Jungen von Juni bis Oktober auf, die Mülleramazone von November bis zum Februar.

Wo leben die Papageien?

Der Blaßkopfrosella (*Platycercus a. palliceps*) bewohnt neben offenen Wäldern auch die Savannengebiete seiner australischen Heimat.

Die Savannenbewohner

Wenn sich niederschlagsfreie Zeiten zwischen die feuchten Perioden schieben, geht beiderseits des Äquators der tropische Regenwald in Feuchtsavannen über. Die „feuchte" Zeit, in der ausreichende Niederschläge fallen, dauert aber noch sieben bis zehn Monate und bietet den hier lebenden Papageien immer noch günstige Lebensbedingungen, auch wenn sie von zwei kurzen Trockenperioden unterbrochen wird. Zwar ist die durchschnittliche Jahrestemperatur verhältnismäßig konstant, doch kann es tagsüber Tempera-

Wo leben die Papageien?

turen bis zu 40 °C geben, die dann nachts auf 10 °C absinken. Ein Papagei, der hier lebt, muß also schon eine gute Kondition besitzen.

In Australien zählt der Schuppenlori *(Trichoglossus chlorolepidotus)* zu den feuchtsavannenbewohnenden Arten. Bevorzugt hält er sich entlang der Flüsse auf, scheut sich aber auch nicht, in Anbaugebiete vorzudringen. Vor allem mit dem Gebirgs-Allfarblori *(Trichoglossus h. moluccanus)* bildet er gemeinsame Schwärme, die dann hundert und mehr Vögel umfassen können. Die Loris tun dies nicht ohne Berechnung, schließlich werden sie so wirksam vor Feinden geschützt.

Wo leben die Papageien?

Gebirgsloris (*Trichoglossus h. moluccanus*) – oben – und Schuppenloris (*Trichoglossus chlorolepidotus*) bewohnen neben Eukalyptus-Wäldern bevorzugt auch die Savannengebiete ihrer australischen Heimat.

Wo die Wintertrockenzeiten länger werden und nur noch eine feuchte Zeit von vier bis sieben Monaten ein ausreichendes Wachstum zuläßt, entstehen die Trockensavannen. Das Gras ist hier brusthoch und wird von bis zu 20 m hohen Baumgruppen und Sträuchern durchsetzt, deren Blätter in der Dürrezeit abgeworfen werden. In Südamerika bewohnt der Blaukopfsittich *(Aratinga a. acuticaudata)* die entsprechenden Gebiete des Gran Chaco. Da die Nahrung hier natürlich nicht so üppig ist, zieht er in oft riesigen Schwärmen von bis zu tausend Vögeln zusammen mit dem Rotmaskensittich *(Aratinga m. mitrata)* nomadisierend umher. Wehe dann dem Farmer, dessen Feld von solch einer Vogelmeute entdeckt wird. Der angerichtete Schaden ist oft verheerend.

Wo leben die Papageien?

Blaukopfsittiche (*Aratinga a. acuticaudata*) in einer Trockensavanne in der Provinz Salta, Argentinien.

In den Dornsavannen können bei einer Regenzeit von zwei bis vier Monaten nur noch wenige Pflanzen gedeihen; und diese müssen in der Lage sein, das Wasser für die Trockenzeit zu speichern. So findet man hier nur noch kniehohes Gras, Dornsträucher und Kakteen verschiedenster Art. Die Jahrestemperatur ist bereits erheblichen Schwankungen ausgesetzt, der Tag-Nacht-Temperaturwechsel ist meist sehr stark. Trotzdem findet man auch hier noch eine Vielzahl von Papageien.

Dies ist vor allem in Australien der Fall, wo die verschiedensten Papageien die weiten Steppengebiete bewohnen. Zu nennen wären hier die Nacktaugenkakadus (*Cacatua sanguinea*) oder die Inka-Kakadus (*Cacatua leadbeateri*). Unter den Sittichen stechen besonders die beliebten

Wo leben die Papageien?

Die bekannten Nymphensittiche (*Nymphicus hollandicus*) sind typische Steppenbewohner Australiens. Wenn ein Schwarm rastet, halten die Vögel den Kopf immer gegen den Wind.

Auch die Inka-Kakadus (*Cacatua leadbeateri*) findet man nur in den Steppen und Landschaften mit vereinzeltem Baumbestand.

Nymphensittiche *(Nymphicus hollandicus)*, der Vielfarbensittich *(Psephotus varius)* oder der Bourkesittich *(Neophema bourkii)* hervor. Und einer darf natürlich auf gar keinen Fall vergessen werden: der Wellensittich *(Melopsittacus*

47

Wo leben die Papageien?

undulatus), der wohl heute der bekannteste aller Papageien ist.

Das Leben in solch kargen Landschaften ist natürlich für die Vögel oft mit Gefahren verbunden. Hält eine Dürreperiode zu lange an, so verdursten sie qualvoll. Das geschah zum Beispiel im Jahre 1932, als solch eine extreme Hitzeperiode im Dezember ihren Höhepunkt erreichte und das bislang größte Wellensittichsterben verursachte. Tausende der kleinen Sittiche fielen tot von den Bäumen. Die wenigen Viehtränken wurden von immer größer werdenden Wellensittichscharen umlagert. Da das Wasser aber meist schon kochend heiß war, kamen die Vögel elend darin um. In einem Fall wurde berichtet, daß aus einem

Wo leben die Papageien?

Ein Schwarm Wellensittiche (*Melopsittacus undulatus*) an einem Wassertank in einem australischen Steppengebiet. Bei langanhaltenden Dürreperioden sammeln sich an diesen Orten tausende der kleinen Papageien.

9000 m³ großen Wassertank 30 000 tote Wellensittiche herausgefischt wurden, die ständig die Pumpanlage verstopft hatten.

Diese extremen klimatischen Verhältnisse brachten einige der australischen Sittiche bereits nahe an den Rand des Aussterbens. Daß dieser Fall bislang trotzdem eine Ausnahme blieb, verdanken sie einer Eigenschaft: Unter günstigen Lebensbedingungen, das heißt nach ausreichenden Regenfällen, schreiten sie sofort zur Brut. Dabei sind sie so „produktiv", daß selbst kleine Restbestände in kürzester Zeit wieder die Gesamtpopulation zu ihrer einstigen Größe anwachsen lassen. Deshalb wird gerade der kleine Wellensittich auch in Zukunft wohl der häufigste Papagei der Erde bleiben.

49

Wo leben die Papageien?

Gelbohrsittich (*Ognorhynchus icterotis*).

Rotbauchpapageien (*Poicephalus rufiventris*).

Die Gebirgsbewohner

Die Gebirgsregionen in den Tropen besitzen eine konstante Jahresdurchschnittstemperatur, die jedoch mit zunehmender Höhe abnimmt. Während sie noch bei 1000 m bei 22 °C liegt, sinkt sie bei 2000 m auf 18 °C und bei 3000 m schon auf 12 °C ab. Tagsüber ist es zeitweise brennend heiß, nachts dagegen kann die Temperatur auf den Gefrierpunkt absinken.

Entsprechend diesen klimatischen Veränderungen benannte bereits der deutsche Forscher Alexander von Humboldt die verschiedenen Vegetationsstufen: Tierra caliente (heißes Land), Tierra templada (gemäßigtes Land) und Tierra fria (kaltes Land).

Die Tierra caliente reicht bis in Höhen von 1000 m. Bis hierher kommen aber auch immer noch die Papageienarten, die schon in den Abschnitten der regenwald- und savannenbewohnenden Arten angeführt wurden.

Dies ändert sich schon in der Tierra templada. Sie umfaßt die Höhenlagen zwischen 1000 m und 2000 m. In den unteren Bereichen dieser Vegetationsstufe findet man den tropischen oder subtropischen Bergwald, der dann ab 1500 m in den triefendnassen Nebelwald übergeht. Da in den vergangenen Jahrzehnten und Jahrhunderten hier weitflächige Rodungen wie in fast allen Teilen der Erde durchgeführt wurden und immer noch werden, trifft man heute in der Tierra templada häufig nur noch Kulturland an.

In Südamerika halten sich in dieser Region gern einige Arten der verschiedenen Rotschwanzsittiche (*Pyrrhura*) oder der Gelbohrsittich (*Ognorhynchus icterotis*) auf, in Afrika hat sich zum Beispiel der Rotbauchpapagei (*Poicephalus rufiventris*) auf diese Höhenlage spezialisiert. Während die meisten Rotschwanzsittiche aber in den Wäldern leben, bevorzugt letzterer mehr offenes Gelände. Auch trifft man ihn im Gegensatz zu vielen anderen Vertretern seiner Familie nur selten in größeren Schwärmen an, meist zieht er paarweise umher. Wie fast alle Langflügelpapageien, zu deren Gattung er gehört, ist er ein ruheloser und

Wo leben die Papageien?

Dieser Bolivien-Rotschwanzsittich (*Pyrrhura f. devillei*) ist ein Bewohner des bolivianischen Apa-Berglandes, in dessen Wäldern er sich bevorzugt aufhält.

sehr scheuer Vogel. So fliegt er zum Beispiel sehr niedrig, nur um nicht schon von weitem gesehen zu werden. Seine bevorzugte Höhenlage liegt eigentlich zwischen 1000 m und 1300 m. Zur Zeit der Feigenreife in den Monaten Juli bis September kann er aber den Verlockungen dieser Frucht nicht widerstehen, und er wagt sich hinauf bis in den 2000-m-Bereich, wo sich die größten Feigenbestände befinden.

Das Klima in der Tierra fria kann wohl am besten mit unserem unbeständigen Frühjahrs- oder Herbstwetter verglichen werden. Tagsüber steigt die Temperatur erheblich an, nachts kann sie auch schon einmal unter den Gefrierpunkt sinken. Hier wachsen die verschiedenen Nadel- und Laubbäume, sie werden mit zunehmender Höhe aber immer spärlicher. Die obere Grenze der Tierra fria bildet die Baumgrenze.

Viele Papageien findet man hier nicht mehr, typische Gebirgsvögel sind aber zum Beispiel die Papualoris *(Charmosyna papou)*. Sie bewohnen die Bergwälder Neuguineas von 1500 m bis 3500 m Höhe. Es sind sehr scheue Papageien, die dafür bekannt sind, daß sie lieber durch die Bäume „hindurchfliegen" als über sie hinweg. Eigentlich müßten sie gar nicht so vorsichtig sein, denn ihr buntes Federkleid ist zwischen den Blüten, die sie gern zum Fressen aufsuchen, eine ideale Tarnung. Ihr größter Feind sind aber die einheimischen Papuas, ein ursprünglicher Volksstamm auf Neuguinea. Sie kennen die kleinen Loris ganz genau und stellen ihnen eifrig nach.

Wo leben die Papageien?

Diese Aufnahme zeigt neben der „Normalausführung" des Papualoris (*Charmosyna p. papou*) rechts auch den Stella-Papualori (*C. p. stellae*) und oben dessen melanistische Variante.

Gar nicht so selten sind sie hierbei auch erfolgreich, und die Vögel enden als Halsschmuck oder im Kochtopf.

Noch durch eine andere Besonderheit fallen die Loris auf: Eine Unterart von ihnen, der Stella-Papualori *(Charmosyna p. stellae)*, kommt gleich in zwei Gefiedervarianten vor. Neben der farbenprächtigen „Normalausführung" gibt es auch eine melanistische Form, d.h. bei diesen Vögeln sind fast alle Gefiederpartien schwarz. Während letztere aber zeitlebens schwarz bleiben, was nicht bedeutet, daß sie nicht normalfarbene Junge bekommen können, warten zwei weitere Unterarten mit einer weiteren Variante des Farbenkleides auf. Es sind der Mount-Goliath- *(Charmosyna p. goliathina)* und der Wahnes-Papualori *(Charmosyna p. wahnesi)*. Ihre schwarzen Vertreter tragen das „Trauerkleid" offensichtlich nur zeitweise. Man kann sich natürlich vorstellen, daß die Fachwelt lange rätselnd vor diesem für Papageien einmaligem Farbspiel stand.

Aber auch in Australien findet man noch Papageien über 2000 m Höhe. So leben die Helmkakadus *(Callocephalon fimbriatum)* im Sommer in den schwer zugänglichen Gebirgswäldern im Südosten des Kontinents. Bricht der Winter an, so ziehen sie in die niedriger gelegenen Täler oder Küstengebiete. Einige Wagemutige verbleiben aber im Gebirge und lassen sich auch durch den einsetzenden Schneefall oder klirrende Kälte hiervon nicht abbringen.

Eigentlich sollte man meinen, daß oberhalb der Baumgrenze keine Papageien mehr vorkommen. In Südamerika findet man aber sogar in der feuchtkühlen Paramo-Region und in den Fels- und Schuttwüsten der Puna noch einige Vertreter der Dickschnabelsittiche *(Bolborhynchus)*. Zu ihnen zählen der Aymarasittich *(Bolborhynchus aymara)*, einige Unterarten des Zitronensittichs *(Bolborhynchus aurifrons)* und der Andensittich *(Bolborhynchus orbygnesius)*. Letzterer hält wohl den absoluten Rekord für Papageien, denn er wagt sich in Höhen bis zu 6250 m. Allerdings scheint er in diesen Regionen nur den Sommer zu verbringen, im Winter zieht es ihn in die geschützten, tiefer gelegenen Täler.

Bild Seite 53: Ein Männchen des Helmkakadus (*Callocephalon fimbriatum*) beim Fressen in den Gebirgswäldern SO-Australiens.

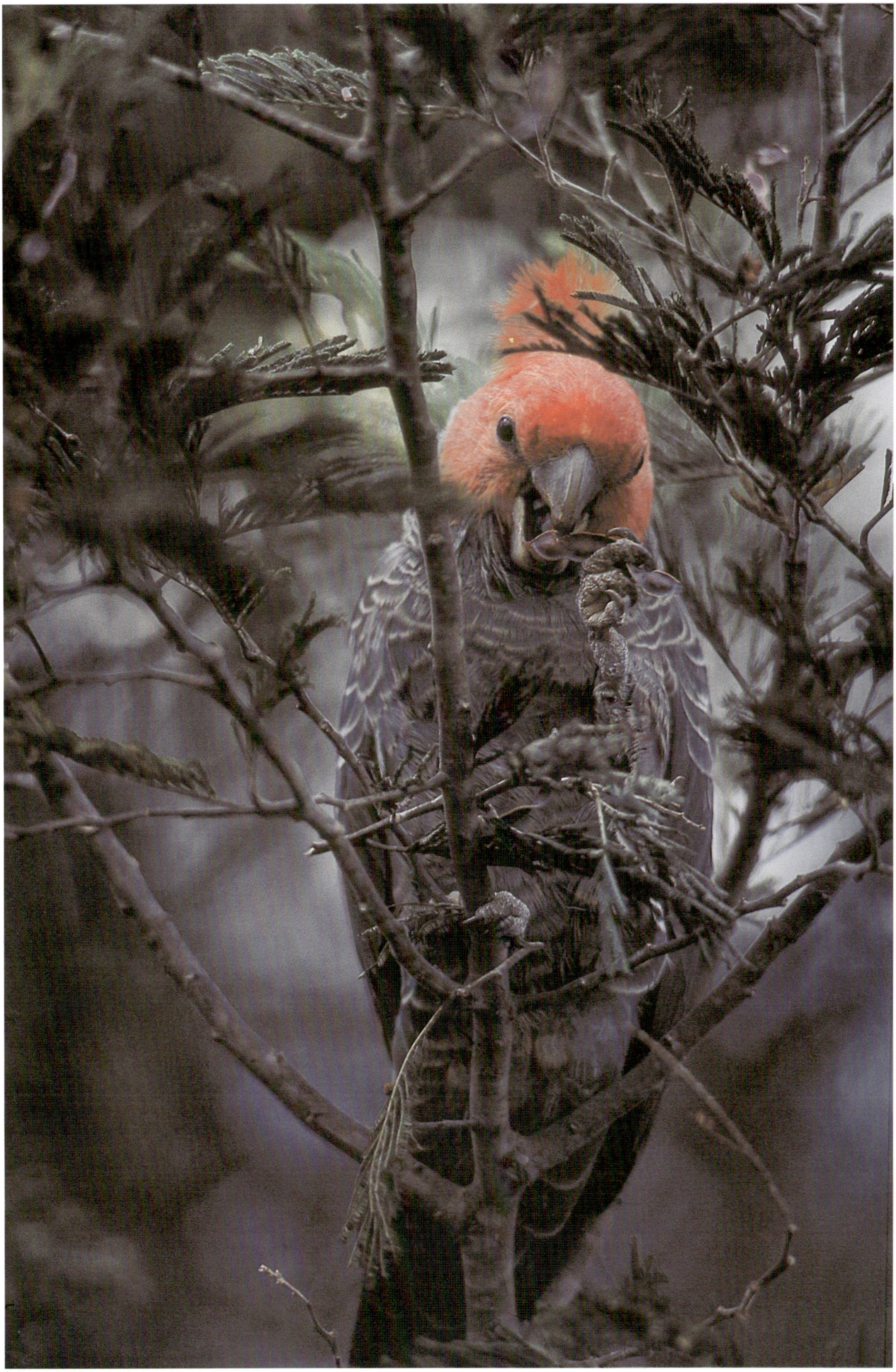

Wo leben die Papageien?

Seite 54 oben und links: Der Aymarasittich (*Bolborhynchus aymara*) bewohnt die Anden-Hänge seines Verbreitungsgebietes im Hochland von Bolivien und in Argentinien. Die Aufnahme entstand in Cuesta del Obispo in der argentinischen Provinz Salta.

Seite 55 oben: Der Margarit-Sittich (*Bolborhynchus a. margaritae*) ist eine Unterart des Zitronensittichs (*B. a. aurifrons*) und lebt wie dieser in den Anden Perus. Die Aufnahme entstand am Rio Colca in der Umgebung von Callalli in 3600 m Höhe.

Seite 55 unten: Ein rastender Schwarm Anden-Felsensittiche (*Cyanoliseus p. andinus*) in dem für sie typischen Lebensraum bei Cachi in der argentinischen Provinz Salta.

Wo leben die Papageien?

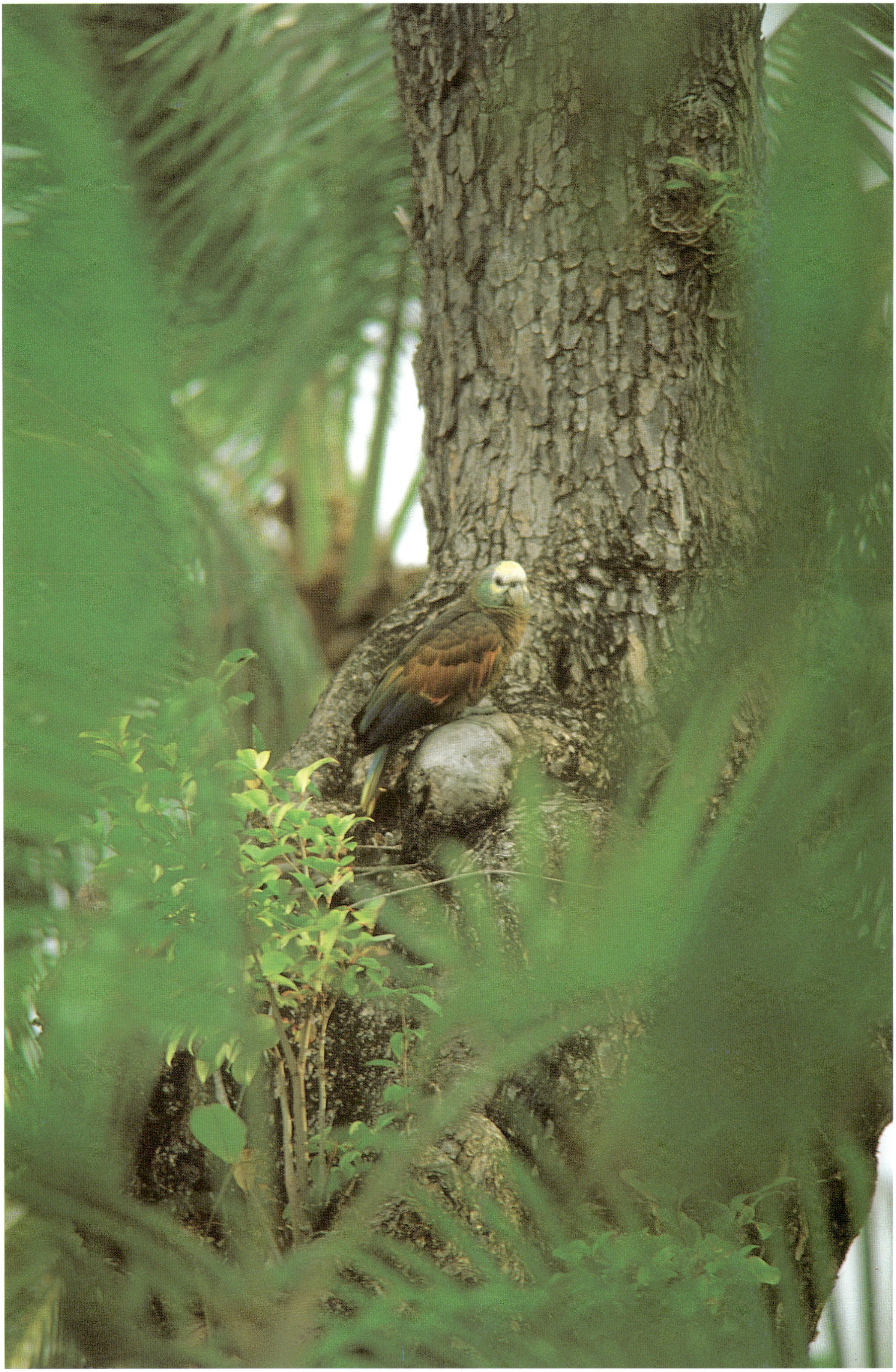

Wo leben die Papageien?

Die Blaumasken-Amazonen (*Amazona versicolor*) auf St. Lucia gehören zu den gefährdetsten Inselarten in der Karibik.

Kaiser-Amazone (*Amazona imperialis*).

Seite 56: Königs-Amazone (*Amazona guildingii*).

Die Inselbewohner

Viele Papageien kommen endemisch vor, d.h. ihr Verbreitungsgebiet beschränkt sich auf einen sehr kleinen Raum. Deutlich trifft dies bei den Bewohnern der oft geradezu winzigen Inseln des Indischen und des Pazifischen Ozeans zu. Selbst für den Fachmann ist es immer wieder überraschend, wie sich auf teils sehr nahe beisammen liegenden Inseln die verschiedensten Arten herausgebildet haben.

So findet man zum Beispiel bei den Kleinen Antillen-Inseln auf St. Lucia die Blaumasken-Amazone (*Amazona versicolor*), von der es vielleicht nur noch 40 bis 60 Exemplare gibt, auf Dominica die Kaiser-Amazone (*Amazona imperialis*) mit einem möglicherweise noch geringeren Bestand und auf St. Vincent die Königs-Amazone (*Amazona guildingii*) mit einer Populationsgröße von immerhin noch mehreren hundert Tieren.

Wo leben die Papageien?

Diese Koralleninsel im Tuamotu-Archipel ist einer der wenigen Plätze, an denen man noch den Saphirlori (*Vini peruviana*) findet.

Anhand der hier angegebenen Bestandsgrößen erkennt man leicht ein Problem, das heute mehr oder weniger und weltweit für die meisten Inselpapageien zutrifft: Viele von ihnen stehen kurz vor dem Aussterben. Die Gründe hierfür sind die jährlich auftretenden Wirbelstürme, die Umwandlung der natürlichen Lebensräume in landwirtschaftlich nutzbare Gebiete oder einfach der Abschuß der Vögel. Viele Inseln sind einfach zu klein, um Papageien Ausweichmöglichkeiten vor derartigen Bedrohungen zu bieten.

Saphirlori (*Vini peruviana*).

Mitunter sind auch andere Eingriffe des Menschen Schuld am möglichen Aussterben mancher Inselpapageien. So im Fall des Saphirloris *(Vini peruviana)*, der ursprünglich auf 17 Inseln der Gesellschaftsinseln vorkam, heute aber nur noch auf drei oder vier von ihnen zu finden ist. Der Grund seines Verschwindens sind Ratten, die bereits im 18. Jahrhundert eingeschleppt worden waren. Diese fraßen natürlich auch die Eier und Jungen der kleinen Loris. Nachdem man der Rattenplage nicht mehr Herr werden konnte, bürgerte man die Sumpfweihe *(Circus approximans)* auf Tahiti und anderen Gesellschaftsinseln ein, ohne sich darüber im klaren zu sein, den Loris einen weiteren Feind zuzumuten; denn zum Nahrungsspektrum der Sumpfweihe gehören nicht nur Nagetiere und Eidechsen, sondern auch Kleinvögel und deren Gelege.

Gott sei Dank ergeht es nicht allen Inselpapageien derart. Ein rühmliches Beispiel sind wohl die Antipoden, wo auf einer ihrer Inseln gleich zwei Sitticharten auf einer Gesamtfläche von nur 32 qkm wohnen. Es sind der Einfarblausittich *(Cyanoramphus unicolor)* und eine Unterart

Wo leben die Papageien?

Der Einfarblaufsittich (*Cyanoramphus unicolor*) kommt lediglich auf den Antipoden vor. Diese Inselgruppe muß er sich sogar noch mit einer Unterart des Ziegensittichs (*Cyanoramphus n. hochstetteri*) – unteres Bild – teilen.

des nahe verwandten Ziegensittichs *(Cyanoramphus n. hochstetteri)*. Beide haben die Insel sozusagen unter sich aufgeteilt: Während der Einfarblaufsittich all die Gebiete bewohnt, in denen das hohe und dichte Tussock-Gras vorkommt, bevorzugt der Ziegensittich mehr die offenen Landschaften. Da die Inseln unbewohnt sind, kennen die Sittiche auch keinerlei Scheu vor dem Menschen. Ein Seefahrer, der die Insel in den 30er Jahren besuchte, berichtete, man hätte sogar mit einem Stock nach ihnen schlagen können, ohne daß sie fortgeflogen wären. Man kann nur hoffen, daß das unbekümmerte Leben dieser Inselbewohner auch in Zukunft nicht gestört wird. Eine wichtige Maßnahme hierzu hat die neuseeländische Regierung bereits vor Jahren getroffen: Sie hat beide Sitticharten vorsichtshalber unter Naturschutz stellen lassen.

Wo leben die Papageien?

In den Kleinstädten Australiens ein gewohntes Bild: Rosakakadus (*Eolophus roseicapillus*) suchen den Boden nach allem Freßbaren ab.

Gelegentlich richten die Rosakakadus (*Eolophus roseicapillus*) sogar Schäden an den Telegraphenleitungen an.

Die Stadtbewohner

Natürlich sind Papageien in unserem Sinne keine stadtbewohnenden Vögel, aber es gibt doch einige Arten, die man nicht nur in den Wäldern oder Savannen antrifft, sondern die auch regelmäßig inmitten von Dörfern oder Städten zu beobachten sind.

So findet man in Australien immer wieder Singsittiche (*Psephotus haematonotus*) oder Rosakakadus (*Eolophus roseicapillus*) auf den Telegraphenmasten entlang der innerstädtischen Straßen sitzen. Erspähen sie etwas Freßbares, dann scheuen sie sich auch nicht, auf den Boden herunterzufliegen, um es aufzupicken.

In Indien sind die Halsbandsittiche (*Psittacula krameri*) mittlerweile ein gewohnter Anblick in

Wo leben die Papageien?

In der Ruinenstadt Fatehpur Sikri findet man die Halsbandsittiche (*Psittacula krameri*) sogar in Gesellschaft von Tauben und Streifenhörnchen.

Respektlos hat sich dieser Halsbandsittich auf einer historischen Fassade niedergelassen.

Bild links: Auch für die kleinen Nymphensittiche (*Nymphicus hollandicus*) sind Telegraphenleitungen willkommene Sitzgelegenheiten.

vielen Ortschaften geworden. Ohne Angst suchen sie sich in den Straßen ihre Nahrung, trinken aus den öffentlichen Brunnen und übertönen mit ihrem Geschrei manchmal sogar den Lärm eines Markttages.

Im Laufe der Jahrhunderte haben sie sich so an das Leben in der Nähe des Menschen gewöhnt, daß sie sich sogar bedenkenlos in Mauernischen, Gärten, Dachvorsprüngen oder Grabmälern ihre Nisthöhlen einrichten und brüten.

Wo leben die Papageien?

Obwohl der Tirikasittich (*Brotogeris tirica*) ein Bewohner der offenen Landschaften mit geringem Baumbewuchs ist, trifft man ihn auch in den Gärten und Parkanlagen von Sao Paulo.

In Südamerika ist der kleine Tirikasittich *(Brotogeris tirica)* ein echter Kulturfolger geworden. Ihn schreckt heute nicht einmal Sao Paulo, immerhin Brasiliens größte Stadt. Hier kann man ihn zum Beispiel im Praca da Republica, einem stark besuchten Park im Zentrum der Millionenstadt, beobachten. Gewöhnlich fliegt er hier in kleinen Gruppen von einem Parkbaum zum anderen oder klettert geschickt in den Zweigen umher. Wenn er aber einmal das Bedürfnis nach einem größeren Ausflug hat, verläßt er einfach den Park und durchfliegt die Straßen der Innenstadt mit ihren mehrstöckigen Geschäftsgebäuden.

Bild Seite 63: Müllers Edelpapagei (*Tanygnathus sumatranus*).

Was fressen Papageien?

Was fressen Papageien?

Diese Smaragdsittiche (*Enicognathus f. ferrugineus*) fressen gerade Löwenzahnsamen, der mittlerweile auch in Argentinien eingeschleppt worden ist.

Bevor man sich damit befaßt, was Papageien fressen, ist es bestimmt auch interessant zu erfahren, wie sie fressen.

Wie schon berichtet wurde, ziehen die meisten Papageien in Schwärmen zu ihren Futterplätzen. Je nachdem wo sie nachts geschlafen haben oder worauf sie gerade Appetit haben, müssen sie mitunter auch beträchtliche Strecken dahin zurücklegen. Von manchen Arten weiß man, daß sie bis zu 30 km fliegen, um zu ihren Futterplätzen zu gelangen.

Sind sie dort, zeigen viele von ihnen ein scheues, oder besser gesagt vorsichtiges Verhalten. Besonders für diejenigen, die den Menschen als Feind haben, ist das lebensnotwendig. Viele Schwärme stellen deshalb einen „Wachtposten" auf. Bekannt ist dies vor allem von den Gelbhaubenkakadus (*Cacatua galerita*) und den Nasenkakadus (*Cacatua tenuirostris*). Diese Papageien fressen meist am Boden. In den umliegenden Bäumen sitzen währenddessen immer einige alte und erfahrene Tiere, die bei Störungen sofort kreischend auffliegen. Das ist das Alarmzeichen für den gesamten Schwarm, der sich augenblicklich erhebt und in Sicherheit bringt.

In Südamerika hat man dasselbe Verhalten bei Langschnabelsittichen (*Enicognathus leptorhynchus*) beobachtet. Jeder Schwarm dieser Papageien wird von einem „Chef" angeführt, ob nun während des Fliegens oder auf der Erde. Mit seinem Verhalten ist er Vorbild für die anderen, und er dirigiert sie. Wenn ein Schwarm innerhalb eines kleinen Wäldchens frißt, sitzt er an dessen Rand. Sobald sich ein Mensch nähert, stößt er einen Warnschrei aus, worauf der gesamte Schwarm beim Fressen innehält. Damit sind aber seine Pflichten noch nicht beendet. Bleibt der Mensch nämlich weiterhin in der Nähe der Vögel, so folgt ihm der „Aufpasser" sogar und beobach-

Was fressen Papageien?

Wie einige andere Papageienarten auch, stellt der Gelbhaubenkakadu (*Cacatua galerita*) einen „Wachtposten" auf, während der Schwarm am Boden frißt.

tet, was er macht. Von Zeit zu Zeit teilt er dann seinen Gefährten im Innern des Waldes durch erneutes Rufen mit, daß die Gefahr noch nicht beseitigt sei, worauf ihm diese jetzt vom Waldinnern antworten.

Was fressen Papageien?

Der verlängerte Oberschnabel dient dem Langschnabelsittich (*Enicognathus leptorhynchus*) als Grabwerkzeug.

Die Freßwerkzeuge

Zu den „Freßwerkzeugen" der Papageien gehören ihr wuchtiger Schnabel und die Füße. Zwar dient der Schnabel allen Vögeln der Erde als Hilfsmittel bei der Nahrungsaufnahme, doch hat er bei einigen Vertretern der Papageienfamilie eine besondere Ausformung erfahren.

So findet man bei vielen Papageienschnäbeln auf der Unterseite des Oberschnabels hornige Querrinnen, auch Feilkerben genannt. Sie haben zwei Aufgaben: Zum einen wird damit die Spitze des Unterschnabels geschärft, und zum anderen bilden sie einen rauhen Untergrund, der zum Festhalten verschiedener Futterteile notwendig ist. Man denke nur an die hartschaligen Palmfrüchte, die von manchen Aras gefressen werden. Wenn der Vogel sie nicht im Schnabel festhalten könnte, wäre es ihm unmöglich, sie aufzuknacken.

Die größte Spezialisierung in bezug auf den Schnabelbau findet man bei den Langschnabelsittichen (*Enicognathus leptorhynchus*) und den Nasenkakadus (*Cacatua tenuirostris*). Beide Arten besitzen einen stark verlängerten Oberschnabel, der als Anpassung an ihre Ernährungsweise zu verstehen ist. Sie suchen beide ihre Nahrung vorzugsweise im Erdboden. Dabei benutzen sie den Schnabel als Grabewerkzeug, mit dem sie den Boden nach Knollen, Zwiebeln und vor allem Graswurzeln durchwühlen.

Bei den südamerikanischen Schmalschnabelsittichen (*Brotogeris*) besitzt der Schnabel ebenfalls eine besondere Form. Er ist schmal und länglich mit einer hakenförmigen Spitze. Der Grund hierfür ist zwar noch nicht einwandfrei geklärt, aber Freilandbeobachtungen an Gelbflügelsittichen (*Brotogeris c. chrysosema*) erbrachten, daß diese an seichten Flußstellen nach Algen und vor allem Wasserschnecken fischten. Dabei stekken die kleinen Sittiche den Kopf sogar ganz unter Wasser. Beide Nahrungssorten scheinen einen Hauptbestandteil ihrer Ernährung auszumachen. Während andere Papageien desselben Gebiets auch Algen „fischen", scheinen die Wasserschnecken fast ausschließlich den Gelbflügelsittichen vorbehalten zu sein. Kein Wunder – sie sind schließlich auch die einzigen, die dank ihrer besonderen Schnabelkonstruktion die Schnecken überhaupt aus dem Gehäuse herausbekommen.

Wie schon in dem Kapitel „Was ist ein Papagei?" angedeutet, benutzen viele Papageien ihre Füße als Hilfsmittel beim Fressen. Sie halten mit ihnen Zweige fest, um so bequemer Beeren oder Blüten abbeißen zu können, oder sie führen damit das Futter zum Schnabel. Diese Fähigkeiten besitzen aber nicht alle Vertreter der Familie.

Interessanterweise hat man festgestellt, daß es unter den Papageien, die ihre Füße einsetzen, „Rechts- und Linkshänder" gibt. So scheinen die

Was fressen Papageien?

Ein kleiner Schwarm Gelbflügelsittiche (Brotogeris c. chrysosema) beim Fischen von Algen und Wasserschnecken an einer seichten Stelle des Rio Aripuana.

Tovisittiche *(Brotogeris jugularis)* nur den linken Fuß zu verwenden, hingegen halten 95% aller Schwarzschulter-Edelpapageien *(Tanygnathus megalorhynchos)* ihr Futter mit dem rechten Fuß fest. Ganz so einseitig ist dieses Verhalten aber bei den meisten Papageien nicht ausgeprägt. Amazonen zum Beispiel benutzen in 70% aller Fälle den linken Fuß, wechseln aber auch recht häufig in den rechten über.

In wohl einer der unnötigsten Untersuchungen wurde der Einsatz der Füße bei Braunwangensittichen *(Aratinga pertinax)* sogar wissenschaftlich erforscht. Unnötig deshalb, weil der Zusammenhang von „Links- oder Rechtsfüßigkeit" und Skelettbau den 56 beobachteten Sittichen das Leben kostete, denn nur so konnte der Knochenbau vermessen werden. Immerhin brachte dieses

Bei diesem Tovisittich (Brotogeris jugularis) ist deutlich der langgestreckte Schnabel zu erkennen, der typisch für alle Vertreter seiner Gattung ist.

Was fressen Papageien?

Der Braunwangensittich (*Aratinga pertinax aeruginosa*) ist ein Bewohner der Karibikküste N-Kolumbiens und NW-Venezuelas.

„wissenschaftliche" Verfahren ein Ergebnis: Bei den 28 Vögeln, die den rechten Fuß als Werkzeug einsetzten, war dieser etwas länger als der linke, bei den anderen 28 Tieren verhielt es sich genauso, nur eben mit dem linken Fuß.

Was fressen Papageien?

Genüßlich frißt diese Gelbnacken-Amazone (*Amazona o. auropalliata*) ihre Frucht mit dem rechten Fuß. Nach neueren „Erkenntnissen" hätte sie hierzu eigentlich den linken benutzen müssen!

Wie Papageien trinken

Eigentlich sollte man meinen, alle Papageien trinken das Wasser in der gleichen Weise, indem sie mit ihrem Unterschnabel die Flüssigkeit schöpfen und dann hinunterschlucken. Ganz so vereinfacht darf man diesen Vorgang nicht beschreiben. Es hat sich nämlich herausgestellt, daß die verschiedenen Arten und Gattungen auch unterschiedliche Trinkmethoden haben. Bekannt sind bis heute vier verschiedene Methoden, die von Papageien eingesetzt werden.

Da wäre zuerst die oben angeführte Art. Tatsächlich findet man sie nur bei den Kakadus. Mehr Aufwand beim Trinken haben da schon die Loris.

Schwarzköpfchen (*Agapornis p. personatus*).

Bild Seite 70/71: Oft sammeln sich riesige Wellensittich-Schwärme (*Melopsittacus undulatus*) an den wenigen Wasserstellen der australischen Steppengebiete.

69

Was fressen Papageien?

Was fressen Papageien?

Was fressen Papageien?

Trinkende Rosakakadus (*Eolophus roseicapillus*) und Nymphensittiche (*Nymphicus hollandicus*) an einer Wasserstelle.

Was fressen Papageien?

Sie pinseln die Flüssigkeit mit der Zungenspitze auf. Eine dritte Gruppe schöpft das Wasser mit der Zungenspitze, die dann zum Schlucken an den Gaumen gepreßt wird. Typische Vertreter dieser Trinkweise sind zum Beispiel alle Sitticharten Australiens, die afrikanischen und die südamerikanischen Papageien. Die letzte Methode wird nur vom Borstenkopfpapagei *(Psittrichas fulgidus)* und von den Fledermauspapageien *(Loriculus)* angewandt. Sie pressen die Zunge an den Gaumen und trinken saugend-pumpend.

Normalerweise trinken Papageien nur das Wasser der Tümpel, Flüsse oder Seen. Ein Vertreter der Familie ist allerdings auf den Geschmack gekommen – gelegentlich wagt er sich auch an Alkoholisches. Es ist das Blumenpapageichen *(Loriculus beryllinus)*, das ausschließlich auf Ceylon, oder wie es heute heißt: Sri Lanka, beheimatet ist.

Blumenpapageichen (*Loriculus beryllinus*).

Sein Alkoholkonsum kommt nicht von ungefähr. Auf Sri Lanka gibt es noch große Kokospalmenbestände. Aus ihnen wird ein Palmwein, „Toddy" genannt, hergestellt, der aus dem süßen Saft der Blütenknospen gewonnen wird. Die Einheimischen sammeln diesen Saft hoch oben in den Palmen und fangen ihn in dort aufgehängten Bechern oder Schalen auf. Die kleinen Blumenpapageichen kommen natürlich schnell dahinter, daß es hier etwas zu naschen gibt.

Dabei vergessen sie aber wohl immer wieder gern, wie gefährlich dies für sie ist. In der Hitze Sri Lankas gärt der Saft natürlich schnell – und es entsteht ein alkoholisches Getränk. Da die meisten der kleinen Papageien aber nicht „trinkfest" sind, torkeln sie bald umher, verdrehen die Augen und sind nicht mehr in der Lage, geradeaus zu fliegen. Kurz gesagt – sie haben einen Schwips.

Es kommt auch nicht selten vor, daß die Zwerge in die Becher fallen. Wenn sie Pech haben, ertrinken sie hierin. Oft können sie noch hinausklettern, stürzen dann aber regelrecht ab, weil ihr Gefieder von der süßen Flüssigkeit so verklebt ist, daß sie nicht mehr fliegen können.

Auch die Einheimischen haben sich an die naschhaften Papageichen gewöhnt. Oft warten die Kinder und Jugendlichen schon auf den nächsten Unglücksraben, der in den Topf fällt. Dann klettern sie hinauf, holen sich den leichtsinnigen Kerl, säubern ihn und stecken ihn erst einmal in einen „Ausnüchterungskäfig". Wenn er Glück hat, lassen sie ihn wieder fliegen, wenn nicht, wird er auf dem nächsten Markt zum Kauf angeboten.

Was fressen Papageien?

Strohsittich (*Platycercus flaveolus*).

**Der Kaktussittich
(*Aratinga cactorum*)
gehört zu den
„Generalisten"
unter den Papageien.**

Die Allesfresser

Die meisten Papageien besitzen ein verhältnismäßig großes Nahrungsspektrum. „Allesfresser", wie es in der Überschrift heißt, sind sie freilich nicht. Gegenüber anderen Arten besitzen sie aber einen entscheidenden Vorteil: Da sie nicht sonderlich wählerisch sind, steht ihnen fast immer eine reiche Auswahl an Futterpflanzen zur Verfügung.

Sie müssen kaum einmal lange suchen und brauchen auch keine weiten Strecken zu fliegen, da sie immer auf andere Nahrungssorten ausweichen können. Der Nachteil dieser Ernährung liegt darin, daß solche „Generalisten" mitunter eine starke Futterkonkurrenz in Form anderer Vögel haben und deswegen nur selten in großen, schutzbietenden Schwärmen umherziehen können.

Was fressen Papageien?

Auch die Goldstirnsittiche (*Aratinga aurea*) sind in ihrer Futterwahl nicht sonderlich wählerisch.

Typische Vertreter von Papageien mit einem breiten Nahrungsspektrum sind die Amazonen, die Keilschwanzsittiche *(Aratinga)*, die Edelpapageien *(Eclectus)* oder die Langflügelpapageien *(Poicephalus)*. Sie alle fressen einen bunten Reigen an natürlichen Futtersorten wie reife oder halbreife Sämereien, Beeren, Nüsse, Früchte, Knospen, Blüten, Nektar, Gemüse sowie Insekten oder deren Larven.

Der Meyers Papagei (*Poicephalus meyeri*) gehört zu den Langflügelpapageien.

Die Wählerischen

Einige Papageien würden zwar alles fressen, wenn ihnen nichts anderes übrig bliebe, jedoch zeigen sie eine besondere Vorliebe für bestimmte Futtersorten, die dann auch den Hauptbestandteil ihrer Nahrung ausmachen. Diese Ernährungsweise hat vor allem dann für sie einen Vorteil, wenn sie bevorzugt die Nahrungsangebote wählen, die von den anderen Vögeln nicht gern oder nicht gefressen werden.

Goldwangenpapagei (*Pionopsitta barrabandi*).

Rotkappensittich (*Purpureicephalus spurius*).

So weiß man von einigen Arten der Zierpapageien *(Pionopsitta)*, daß sie bevorzugt die sogenannten Gallen von den Blättern abfressen. Diese Gallen beherbergen die Gallwespenlarven, die den Vögeln besonders gut schmecken.

Aber auch der bekannte Gelbbrustara *(Ara ararauna)* dürfte zu den Teilspezialisten zählen. Das Hauptgewicht seiner Ernährung liegt bei den Früchten der verschiedenen Palmenarten, wobei er besonders auf den Inaja-Palmen *(Maximiliana regia)* und den Tucuma-Palmen *(Astrocaryum spec.)* anzutreffen ist. Von der letzten Palmenart frißt er sowohl das Fruchtfleisch als auch die ölige Flüssigkeit aus dem Kern unreifer Früchte.

In Australien hat sich der Rotkappensittich *(Purpureicephalus spurius)* auf die Samen der Eukalyptusbäume spezialisiert. Sein langer und schmaler Schnabel darf wohl als Anpassung an diese Ernährungsweise betrachtet werden. Mit ihm kann der Sittich die Samenkapseln gut entkernen. Zusätzlich frißt er aber auch Grassamen, Knospen, Blütenpollen, Nektar und Insekten. Hin und wieder richten die Vögel sogar erhebliche Schäden in Plantagen an, wo sie über Äpfel, Pfirsiche oder Zitrusfrüchte herfallen.

Was fressen Papageien?

Der auf Neuguinea lebende Orangebrust-Maskenzwergpapagei *(Opopsitta gulielmitertii suavissima)* **hat sich ganz auf Feigen als Grundnahrung spezialisiert.**

Die Spezialisten

Einige Papageien haben sich gänzlich auf eine oder wenige Pflanzenarten spezialisiert. Das funktioniert natürlich nur, wenn diese Nahrung ganzjährig zur Verfügung steht. Da solche Voraussetzungen in der Regel nur in der Vegetation der tropischen Zone gegeben sind, findet man hier auch die meisten Nahrungsspezialisten. Oft aber müssen diese Papageien lange Suchzeiten in Kauf nehmen, wenn eine Futtersorte im bisherigen Gebiet verbraucht ist. Solch ein Nachteil wird meist dadurch wettgemacht, daß es für sie keine Futterkonkurrenten gibt, sie das vorhandene Futter also ganz allein nutzen können.

Ein bekannter Papagei, der sich auf diese Weise ernährt, ist der Graupapagei *(Psittacus erithacus)*. Er lebt ausschließlich von den Früchten der Ölpalme *(Elaeis guinensis)*. Nur in absoluten Notfällen, wenn es diese im weiten Umkreis nicht mehr gibt, frißt er auch andere Samen oder Nüsse.

Auf Neuguinea haben sich die Feigenpapageien *(Psittaculirostris)* ganz auf die Früchte eingestellt, nach denen sie auch deshalb benannt wurden. Offenbar scheinen sie sich nahezu ausschließlich von Feigen zu ernähren. Diese extreme Anpassung hat vielen von ihnen in Gefangenschaft einen frühen Tod beschert. Als man die farbenprächtigen Tiere erstmals nach Europa brachte, starben sie schon nach kurzer Zeit, obwohl sie das ihnen angebotene Lorifutter gern fraßen. Erst nach Jahren konnte als Todesursache schließlich ein akuter Vitamin-K-Mangel festgestellt werden. Im nachhinein war das Ergebnis nicht verwunderlich, Feigen besitzen einen äußerst hohen Gehalt an diesem Vitamin.

In Südamerika ist der Rotbauchara *(Ara manilata)* ein absoluter Futterspezialist. Er ernährt sich fast nur von den Früchten der Buriti-Palme *(Mauritia spec.)*. In Brasilien wird er deswegen sogar „Maracana do buriti" genannt.

Diese Palme bildet in den Sumpfniederungen entlang der kleinen Urwaldflüßchen oft große, natürliche Bestände, sogenannte „Buritisais". In solchen Palmenhainen tragen zwar alle Palmen mehr oder weniger zur gleichen Zeit ihre Früchte, doch tun sie dies über eine längere Dauer hinweg. Der Rotbauchara hat sich darauf eingestellt. Er lebt in Schwärmen von ungefähr 150 Vögeln zusammen. Jeder dieser Großverbände hat einen Stützpunkt in einem Buritisal. Gibt es hier keine Nahrung mehr, müssen die Tiere tagsüber auf Futtersuche gehen. Dabei ist es für einen so großen Schwarm natürlich schwierig, eine Palmenansammlung zu finden, die für alle 150 Mitglieder Früchte trägt. Folgerichtig versuchen das die Aras erst gar nicht, sondern sie teilen sich in kleine Gruppen auf, die das Gebiet gründlich absuchen und auch einzeln stehende Palmen als Nahrungsquelle nutzen können.

Was fressen Papageien?

Es ist nur wenig bekannt, daß der Graupapagei (*Psittacus erithacus*) ein Nahrungsspezialist ist, der fast ausschließlich von der rechts abgebildeten Ölpalmfrucht lebt.

Was fressen Papageien?

Der Rotbauchara (*Ara manilata*) hat sich ganz auf ein Leben mit der Buriti-Palme eingestellt. Er lebt von ihren Früchten, schläft nachts in Buriti-Palmenhainen und brütet auch in den abgestorbenen Baumstümpfen dieser Palmenart.

Was fressen Papageien?

Buritipalmenhain

Rotbauchara (*Ara manilata*)

81

Was fressen Papageien?

Seite 82 oben: **Sclaters Spechtpapagei** (*Micropsitta pusio*).

Seite 82 unten: **Weißohr-Rabenkakadus** (*Calyptorhynchus f. baudinii*) ernähren sich u.a. auch von Insekten und deren Larven.

Die Animalischen

Von den meisten Papageien ist bekannt, daß sie auch tierische Eiweiße, meist in Form von Insekten und deren Larven, zu sich nehmen. So trifft man in Südamerika die „Brandfolger". Sie ziehen mit den Savannenbränden, welche gegen Ende der Trockenzeit vor allem in den Campos-Gebieten Zentral-Brasiliens ausbrechen. Die durch die Brände aufgescheuchte und versehrte Tierwelt wird hier auch für manchen Papagei zum willkommenen und leichten Nahrungsangebot.

Einige Vertreter der Familie scheinen sich aber so auf den Verzehr von Insekten spezialisiert zu haben, daß sie zumindest zu einem großen, wenn nicht zum überwiegenden Teil, davon leben.

Hierzu gehören möglicherweise die schon erwähnten wasserschneckenfressenden Schmalschnabelsittiche *(Brotogeris)*, aber auch die Spechtpapageien *(Micropsitta)*, in deren Mägen man neben solcher für Papageien ungewöhnlichen Nahrung wie Flechten und Schwammpilze auch sehr viele kleine Insekten fand.

Sicher dürften aber die Rabenkakadus *(Calyptorhynchus)* hierzu zählen. Unter ihnen scheint vor allem der Gelbohr-Rabenkakadu *(Calyptorhynchus f. funereus)* ein Insektenspezialist zu sein, denn für ihn sind die Larven holzbohrender Insekten die wichtigste Nahrungsquelle. Um an sie heranzukommen, beißt oder reißt er die Rinde der Eukalyptusbäume ab, oder er gräbt sie geschickt mit seinem Schnabel aus morschem

Gelbohr-Rabenkakadu (*Calyptorhynchus f. funereus*).

Holz aus. Auf diese Weise vertilgt er täglich Unmengen schädlicher Insekten. Trotzdem wird er in Südostaustralien von vielen Farmern gejagt. In deren Feldern geht der Gelbohr-Rabenkakadu mitunter auch auf Insektensuche und richtet dabei oft beträchtliche Schäden an.

Was fressen Papageien?

Die Loris

Bezüglich ihrer Ernährungsgewohnheiten nehmen die Loris eine Sonderstellung innerhalb der Familie ein. Den überwiegenden Hauptbestandteil ihres Futters machen die Pollen der verschiedenen Blüten aus. Darüber hinaus ernähren sie sich auch von Nektar, weichen und süßen Früchten, nur gelegentlich fressen sie auch reife oder halbreife Sämereien oder Knospen. Mitunter verzehren sie auch Blütenblätter, aber wohl in erster Linie, um an den Nektar oder an die Pollen

Loris sind absolute Nahrungsspezialisten, die sich fast ausschließlich von den Pollen verschiedener Blüten ernähren.

Seite 84: Frauenlori (*Lorius lory*).

Seite 85 oben: Breitbinden-Allfarblori (*Trichoglossus h. micropteryx*).

Seite 85 unten: Schuppenlori (*Trichoglossus chlorolepidotus*).

Was fressen Papageien?

Was fressen Papageien?

Diese Gebirgsloris (*Trichoglossus h. moluccanus*) fressen ausnahmsweise hier etwas anderes als Blütenpollen: Von Besuchern lassen sie sich in Schutzgebieten auch schon einmal mit Popcorn verwöhnen.

heranzukommen. Kleine Insekten, die hierbei den Loris in die Quere kommen, werden ebenfalls gleich mit hinuntergeschluckt.

Loris sind für das Fressen dieser Nahrungsarten gut gerüstet. Sie besitzen eine sogenannte „Bürstenzunge". Diese Bezeichnung verdeutlicht ihre besondere Konstruktion: Die Spitze der Zunge ist je nach Art mehr oder weniger stark mit Papillen besetzt. Sie ermöglichen es den Loris, die Pollen von den Staubgefäßen der Blüten abzutupfen. Erleichtert wird dieser Vorgang noch dadurch, daß die Zunge eingespeichelt wird. Bevor die Pollen heruntergeschluckt werden, formt sie der Vogel durch Zusammenpressen mit Hilfe des „Nagels", einer hornigen Schicht direkt hinter den Papillen, zu einem kleinen klebrigen Bällchen. Das ist notwendig, da die Pollen sonst an den Wänden der Speiseröhre hängenbleiben würden.

Einige Loriarten haben sich sogar auf ganz bestimmte Blüten spezialisiert. So findet man den Moschuslori (*Glossopsitta concinna*) fast ausschließlich an den Blüten der Eucalyptusbäume.

Moschuslori (*Glossopsitta concinna*).

Was fressen Papageien?

Frauenloris (*Lorius lory*) können recht dreiste Gesellen sein, wie diese Aufnahme aus der Karawari-Lodge beweist.

rechts: Schmucklori (*Trichoglossus ornatus*).

Aber auch auf die Menschen verlassen sich manche Loris mittlerweile schon. So werden im Currumbin-Vogelschutzgebiet im Südosten von Queensland, Australien, zweimal täglich die bunten Papageien gefüttert. Pünktlich auf die Minute tauchen die Gebirgsloris (*Trichoglossus haematodus*) und die Schuppenloris (*Trichoglossus chlorolepidotus*) in großen Schwärmen auf und machen sich über das angebotene Futter her.

In Papua-Neuguinea sind die dort beheimateten Frauenloris *(Lorius lory)* besonders frech. Die Gäste der Karawari Lodge in der Sepik-Region müssen immer damit rechnen, daß ihnen einer der dreisten Gesellen in das Zimmer fliegt, auf dem Frühstückstablett den Deckel von der Zuckerdose wirft und seinen Schnabel abwechselnd in den Zucker und in die Milch steckt.

Was fressen Papageien?

Dieser Blaßkopfrosella (Platycercus adscitus palliceps) pickt sich aus dem Kot von Känguruhs unverdaute Maiskörner, die diese als Futter von Wildparkbesuchern erhalten haben. Dabei nehmen die Sittiche auch Erde und kleine Steinchen auf, die sie zur Verdauung benötigen.

Die Zusatzkost

Wie alle Lebewesen benötigen die Papageien bestimmte Zusatzstoffe neben der Nahrung, die für wichtige Körperfunktionen unentbehrlich sind. In der Regel versteht man darunter Vitamine, Spurenelemente und Mineralstoffe. Vitamine sind weitaus häufiger in den von den Vögeln gefressenen Futtersorten enthalten als Spurenelemente und Mineralstoffe. Das bedeutet für die meisten Vertreter der Familie, daß sie ihren Bedarf zusätzlich decken müssen.

Da die Papageien keine Magensäfte produzieren, die die Nahrung zersetzen, sind sie darauf angewiesen, kleine Steinchen oder Sandkörner aufzunehmen. Diese zerreiben dann das Futter im Muskelmagen. Um diese Steinchen zu erhalten, fressen die Vögel kleine Mengen Erde. Hierbei können sie auch ihren Bedarf an Mineralstoffen und Spurenelementen in ausreichender Form decken.

Einige Papageien haben aber einen erhöhten Bedarf an diesen Zusatzstoffen. Insbesondere ist das von vielen südamerikanischen Arten bekannt. Ein Paradebeispiel stellen die großen Aras dar.

Sie besuchen oft die sogenannten „Barreiros". Das sind Stellen, an denen besonders mineralhaltige Erde offen zutage tritt. Meist sind das die ausgewaschenen Steilufer der Flüsse, die in der Trockenzeit freiliegen. Mitunter trifft man Hunderte von ihnen gleichzeitig an diesen Barreiros, und der Beobachter kann den Eindruck gewinnen, die großen Vögel seien geradezu süchtig nach der Erde.

Oft sind die Barreiros verhältnismäßig klein und liegen versteckt mitten im Wald. Hier trifft man auch nur kleine bis mittelgroße Papageien an. Von den Rotbauchsittichen *(Pyrrhura p. perlata)* und den Santaremsittichen *(Pyrrhura p. amazonum)* weiß man, daß sie die Barreiros täglich besuchen, ebenso vom Goldwangenpapagei *(Pionopsitta barrabandi)*. Im Laufe der Jahre höhlen sie solche Stellen regelrecht aus. Damit die Barreiros dann nicht für sie zur Falle werden, aus der sie nicht mehr herauskommen, wenn plötzlich ein Feind vor dem Höhleneingang steht, sind sie hier besonders vorsichtig.

Oft müssen die kleineren Sittiche warten, bis sie an die Reihe kommen. Schließlich werden die Barreiros von einer Vielzahl von Papageienarten besucht, und wenn eine Amazone zum Fressen kommt, müssen kleine Vögel, wie der Rotbauchsittich, erst einmal Platz machen.

Was fressen Papageien?

Dieses Barreiro liegt inmitten des Regenwaldes. Hier treffen sich Rotbauchsittiche (*Pyrrhura p. perlata*) – Mitte links –, Santaremsittiche (*Pyrrhura p. amazonum*) – Mitte rechts – und Goldwangenpapageien (*Pionopsitta barrabandi*) – unten –, um mineralhaltige Erde aufzunehmen.

Bild Seite 90/91: Ein herrlicher Anblick: Hunderte von Hellroten (*Ara macao*) und Grünflügelaras (*Ara chloroptera*) sammeln sich an den Steilufern, wo sie lärmend von der mineralhaltigen Erde fressen.

89

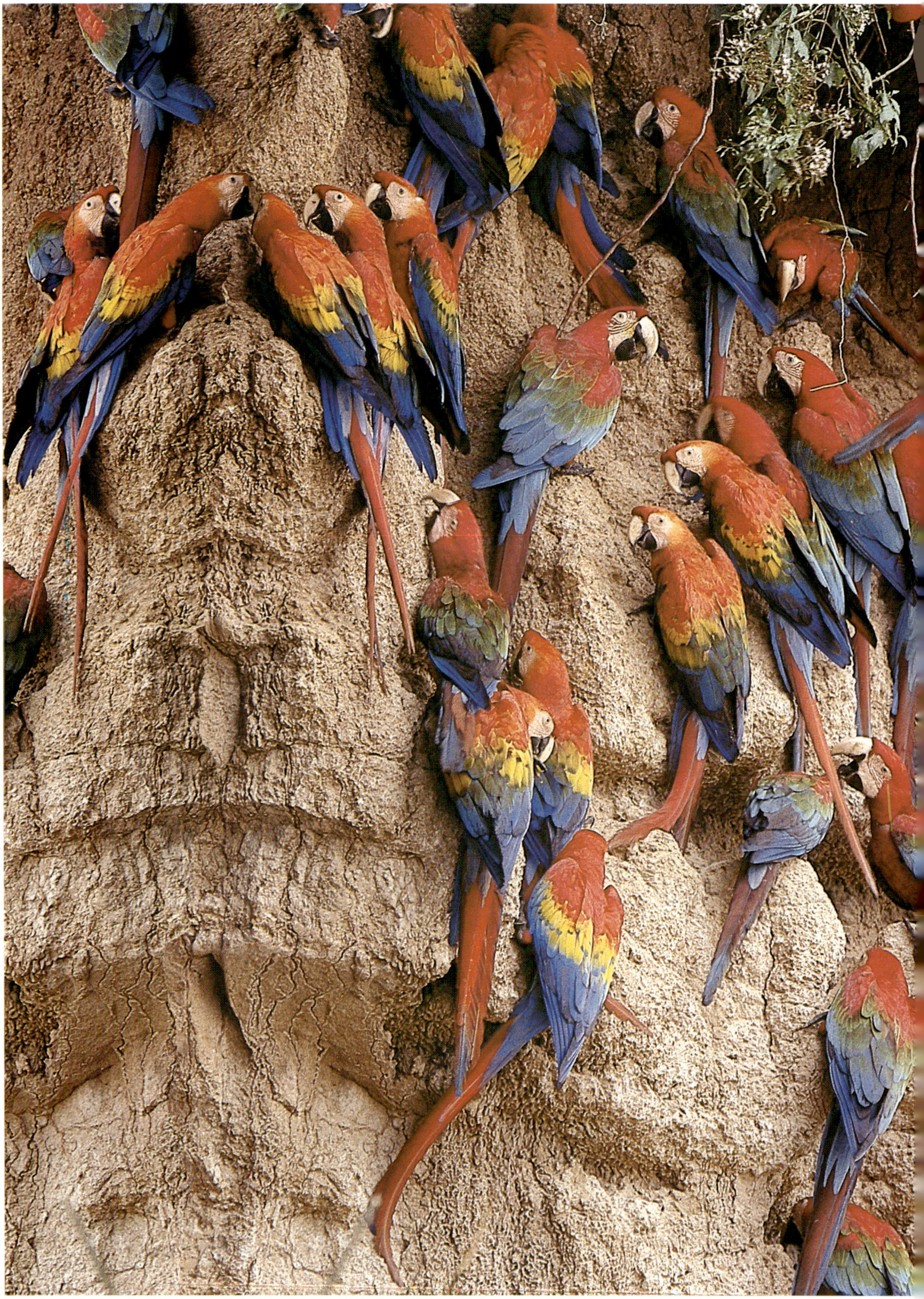

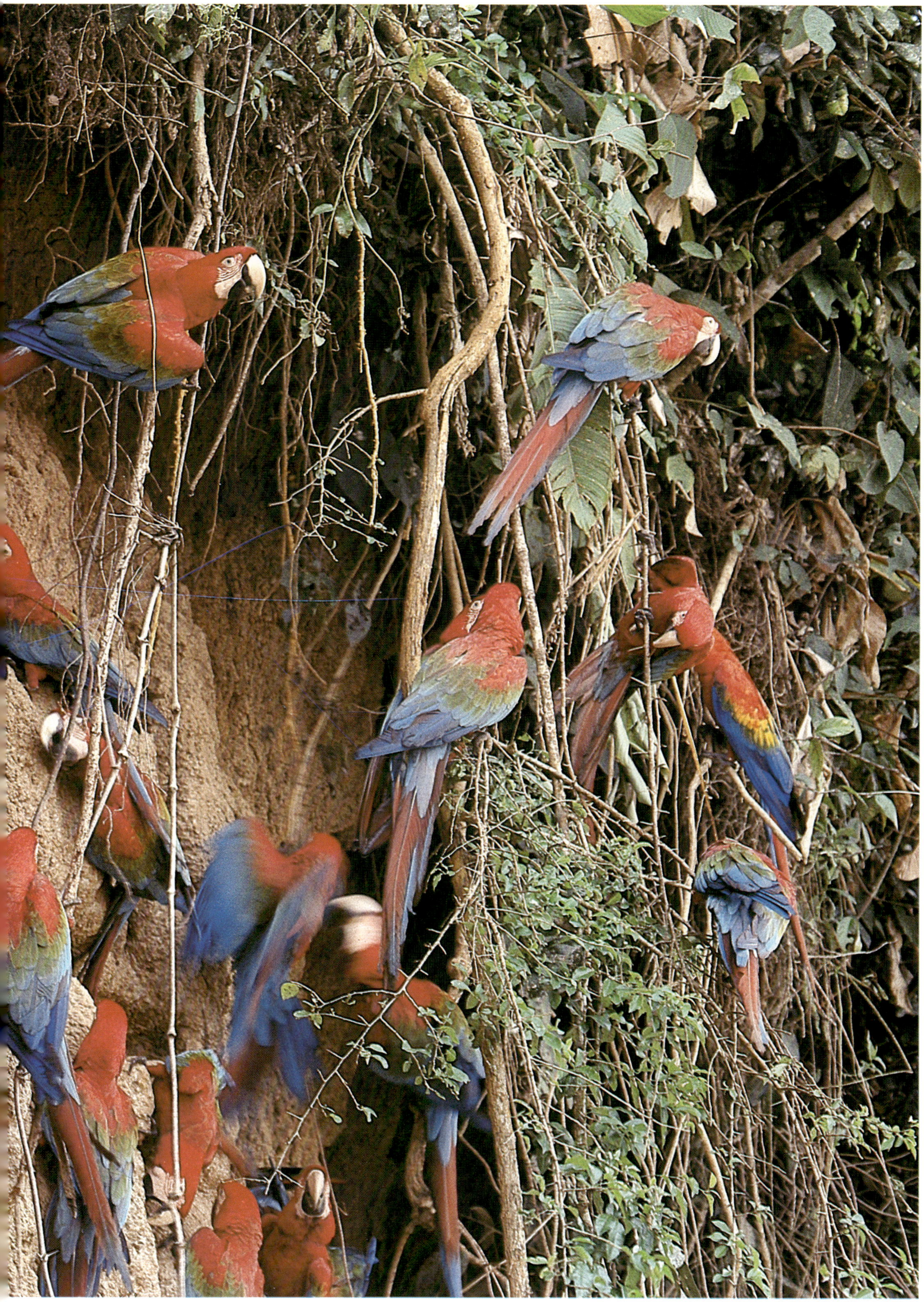

Was fressen Papageien?

Offensichtlich ist der Mineralstoffbedarf bei australischen Papageien, wie dem Bankskakadu (*Calyptorhynchus m. magnificus*) – oben – oder dem Hoodedsittich (*Psephotus c. dissimilis*) – links –, nicht so groß wie bei den Papageien Südamerikas.

Bild Seite 93: Barnardsittich (*Barnardius b. barnardi*)

Wie leben die Papageien?

Wie leben die Papageien?

Obwohl es ungefähr 328 verschiedene Papageienarten mit rund 825 Unterarten gibt, verläuft der normale Tagesablauf bei nahezu allen gleich. Neben der Tagesperiodik gibt es natürlich auch eine von Art zu Art unterschiedliche Jahresperiodik, die auf das tägliche Leben auch Einfluß haben kann. Man denke hierbei nur an die Brut oder das Zugverhalten. Diese „Sonderfälle" sollen in diesem Kapitel aber unberücksichtigt bleiben, da sie an anderer Stelle ausführlich beschrieben werden.

Schauen wir uns also einmal so einen Durchschnittstag im Leben eines Papageien an. Die meisten Familienvertreter leben außerhalb der

Wie leben die Papageien?

Vor allem in Australien findet man oft riesige Ansammlungen von Papageien, wie hier Wellensittiche (*Melopsittacus undulatus*) oder Nacktaugenkakadus (*Cacatua sanguinea*).

Brutzeit in Schwärmen zusammen. Das können kleine Familienverbände von vier bis zehn Vögeln sein, wie sie für die großen Aras typisch sind, oder auch riesige Ansammlungen von mehreren hundert, ja, manchmal sogar Tausenden von Tieren wie z.B. im Fall der Wellensittiche *(Melopsittacus undulatus)* oder der Nacktaugenkakadus *(Cacatua sanguinea)*, von denen schon Schwärme von 60 000 bis 70 000 Exemplaren gesichtet wurden.

Die Nacht haben die Papageien entweder auf einem Schlafbaum, in den Höhlungen alter Bäume oder in Felsspalten verbracht. Handelt es sich um Vögel, die auf einem Schlafbaum übernachten, so

95

Wie leben die Papageien?

Dieser Schwarm Grünflügelaras (*Ara chloroptera*) befindet sich gerade auf dem Weg zu den Nahrungsgebieten.

bleibt man diesem morgens besser fern, denn mit dem Erscheinen der ersten Sonnenstrahlen bricht plötzlich wie auf ein verabredetes Zeichen ein unbeschreibliches Lärmen und Schnattern aus, begleitet von regen Aktivitäten. Jeder Papagei ist in Bewegung, die Vögel klettern von Ast zu Ast oder machen ihre „Morgentoilette", indem sie sich intensiv und ausdauernd das Gefieder gegenseitig putzen. Vögel, die in Baumhöhlen oder Felsspalten übernachtet haben, sammeln sich bei Sonnenaufgang erst einmal an verabredeten Stellen.

Zwischen 7 Uhr und 8 Uhr, bei manchen Arten wie den südamerikanischen Felsensittichen (*Cyanoliseus patagonus*) auch früher, begeben sich die Schwärme auf den Weg zur nächsten Wasserstelle. Hier trinken sie und nehmen das morgendliche Bad, insbesondere natürlich in der Trockenzeit, wenn die Hitze frühmorgens schon stark ist.

Viele der großen Schwärme teilen sich dann in kleine Gruppen auf, um auf die Nahrungssuche zu gehen. Jetzt kann man diese fliegenden Gruppen hoch oben in der Luft schon von weitem sehen; meist hört man auch ihr ständiges Schreien, das den Schwarmzusammenhalt sichern soll. Einige Papageienarten zeigen während des Fliegens ein typisches Flugbild. So fliegen die mexikanischen

Pennantsittiche (*Platycercus elegans*) baden gerne und ausgiebig, bevor sie sich auf die Futtersuche machen.

Arasittiche *(Rhynchopsitta p. pachyrhyncha)* in einer V-Formation und die chilenischen Langschnabelsittiche *(Enicognathus leptorhynchus)* in langen Reihen von 30 m bis 60 m Länge. Die meisten Papageien bilden aber einen ungeordneten Schwarm, der oft weit auseinandergezogen ist. Im übrigen ist es falsch, wenn man den Papageien nachsagt, sie wären schlechte Flieger. Selbst schwere Vögel wie der Große Gelbhaubenkakadu *(Cacatua galerita)* sind in der Luft reißend schnell und außerordentlich gewandt.

An den Futterplätzen lassen sie sich Zeit. Wenn genügend Nahrung vorhanden ist und die Vögel nicht suchend umherstreifen müssen, dauert so ein „Frühstück" gut und gern seine zwei bis drei Stunden. Danach halten fast alle Papageien erst einmal ausgiebig Siesta.

Ab dem frühen Nachmittag, meist aber erst nach 16 Uhr bis 17 Uhr, beginnt das „Abendessen". Auch hierfür benötigen die Papageien etliche Zeit. Erst gegen Abend begeben sich die Gruppen oder Schwärme wieder auf den Heimweg. Bevor sie aber zu ihren festen Schlafbäumen oder -höhlen zurückkehren, besuchen sie noch einmal den Fluß, um einen letzten „Schlaftrunk" zu sich zu nehmen. Erst dann sammeln sie sich. Gruppe für

Wie leben die Papageien?

Papageien bei den unterschiedlichsten Tagesaktivitäten:

oben: ein rastender Schwarm Goldstirnsittiche (*Aratinga aurea*).

links: auch diese Nandaysittiche (*Nandayus nenday*) ruhen sich in der Mittagshitze aus.

rechts oben: Rosakakadus (*Eolophus roseicapillus*) auf dem Weg zu ihren Schlafbäumen.

rechts unten: das morgendliche Bad eines Springsittichs (*Cyanoramphus auriceps*).

Wie leben die Papageien?

Wie leben die Papageien?

Viel bequemer haben es die Papageien, die eine Baumhöhle oder Felsspalte ihr eigen nennen, meist auch nicht. Geräumige Behausungen sind in der Natur rar, und von einigen Schmalschnabelsittichen *(Brotogeris)* weiß man, daß ganze Familien von bis zu sechs oder sieben Vögeln in einer Höhle übernachten, die eigentlich für zwei gerade ausreichend Platz geboten hätte.

Ein Schwarm Guayaquilsittiche (*Aratinga erythrogenys*) sammelt sich langsam auf seinem Schlafbaum.

Gruppe kehrt zum morgendlichen Ausgangspunkt zurück und wird von den schon Anwesenden laut kreischend begrüßt. Man kann sich das Gedränge auf manchen Schlafbäumen vorstellen, wenn vielleicht tausend oder mehr Vögel unbedingt auf einem und demselben Baum übernachten wollen. Noch lange herrscht eine rege Tätigkeit, da sich jeder Papagei mit jedem um die besten Plätze streitet. Erst einige Zeit nach Sonnenuntergang tritt schließlich doch noch Ruhe ein, die nur gelegentlich von dem mißmutigen Krächzen eines Vogels unterbrochen wird, der sich beschwert, daß ihm sein Nachbar zu eng auf die Federn gerückt ist.

Wie leben die Papageien?

Felsensittiche (*Cyanoliseus p. patagonus*) sind oft schon in den frühen Morgenstunden oder noch vor Sonnenaufgang unterwegs.

Die Nachtschwärmer

Man sollte es nicht glauben, es gibt tatsächlich Papageien, die erst nachts aktiv werden, den Tag aber versteckt verschlafen.

Der bekannteste von ihnen ist wohl der Nachtsittich *(Geopsittacus occidentalis).* Er ist einer der mysteriösesten Vögel Australiens, vielleicht sogar schon ausgestorben, denn das letzte Mal wurde er 1912 gesichtet. Allerdings ist ein Vogel, der nur im Dunkeln aktiv wird und in den entlegensten und unwirtlichsten Gegenden Australiens lebt, auch wirklich kaum zu entdecken.

Offensichtlich hat sich der Nachtsittich ganz auf ein Leben mit dem Spinifex-Gras eingestellt. In dessen Büschel beißt er sich in Bodenhöhe einen Tunnel oder eine Höhle, deren Eingang er mit den zuvor abgebissenen Halmen wieder sorgfältig verschließt. So versteckt verbringt er den Tag. Daneben soll er aber auch hohle Baumstümpfe oder Erdlöcher als Unterschlupf verwenden. Seine Nahrung besteht in erster Linie aus den Samen des Spinifex-Grases. Wird er tagsüber aufgeschreckt, scheint er nur so schlecht fliegen zu können, daß man ihn ohne Mühe einfangen kann. Nachts ist er aber ein exzellenter Flieger, hoch in die Luft wagt er sich dennoch nicht. Bislang konnte er nur an Wasserstellen gut beobachtet werden, wo man im vorigen Jahrhundert noch bis zu acht Sittiche auf einmal beim nächtlichen „Umtrunk" antreffen konnte.

Wie leben die Papageien?

Motmotpapagei (*Prioniturus p. platurus*).

Der Blauköpfige Spatelschwanzpapagei (*Prioniturus discurus*) gehört ebenfalls zu den wenigstens teilweise nachtaktiven Papageien.

Ein anderer Nachtvogel ist der Kakapo oder Eulenpapagei *(Strigops habroptilus)*, über den aber in dem Kapitel „Rettung in letzter Minute?" noch ausführlich berichtet werden wird.

Neben diesen beiden Vögeln gibt es noch eine Reihe Papageien, die zumindest zum Teil nachtaktiv sind, wie zum Beispiel der Erdsittich *(Pezoporus wallicus)*. Andere sieht man verhältnismäßig häufig auch in der Dunkelheit oder nachts fliegen, meist bei hellem Mondschein. Oft hört man auch nur ihr Geschrei, welches lautstark verkündet, daß sie noch lange nicht an das Schlafen denken. Hierzu gehören die Felsensittiche *(Cyanoliseus patagonus)* in Südamerika, die neuseeländischen Kakas *(Nestor productus)* und einige Spatelschwanzpapageien (Prioniturus). Zu letzteren gehört der seltene Motmotpapagei (Prioniturus p. platurus), der auf verschiedenen Inseln Indonesiens beheimatet ist. Von ihm weiß man, daß er vor allem in der Dämmerung aktiv wird. Das hat seinen guten Grund: Neben Früchten und Blüten frißt er besonders gern halbreife Getreidekörner. Da er sich tagsüber aber nicht auf die Felder wagen darf, weil er befürchten muß, verjagt oder abgeschossen zu werden, besucht er sie einfach nachts.

Wie leben die Papageien?

Die obige Aufnahme entstand in den frühen Morgenstunden. Ein Schwarm Anden-Felsensittiche (*Cyanoliseus p. andinus*) war jetzt schon unterwegs.

In Neuseeland lebt der heute selten gewordene Kaka (*Nestor productus*). Auch er geht nachts gern „auf Reisen".

Der Erdsittich (*Pezoporus wallicus*) gehört zu den wenigen Papageien, die ausschließlich auf dem Boden leben.

Die Bodenständigen

Auch unter den Papageien gibt es Vertreter, die nicht oder nur sehr schlecht fliegen können. Einige beherrschen diese Kunst zwar, aber offensichtlich wollen sie sie nicht so recht nutzen. Hierzu gehört der schon zuvor erwähnte Eulenpapagei *(Strigops habroptilus)*. Er ist der einzige Papagei, der völlig flugunfähig ist. Der Grund hierfür ist einleuchtend: Er bewohnt Neuseeland, das früher ein wahres Paradies für Vögel war. Für sie gab es hier keine natürlichen Feinde, da es außer zwei Fledermausarten und einigen Robben entlang der Küste keine weiteren Säugetiere gab. Hinzu kommt, daß Neuseeland eine Bodenvegetation besitzt, die den Vögeln alles bietet, was sie zum Leben brauchen. Warum sollten die Kakapos also fliegen, wenn sie nahezu beim Spazierengehen bequem ihr Leben genießen konnten? So gesehen war es nur natürlich, daß sie sich ebenso wie der neuseeländische Wappenvogel, der Kiwi, langsam ihrer Umwelt anpaßten und flugunfähig wurden.

Die zweite bekannt gewordene Papageienart, die ständig auf dem Boden lebt, ist der Erdsittich *(Pezoporus wallicus)*. Da dieser kleine Vogel nur sehr schlecht fliegen kann, ist er auf eine gute Tarnung angewiesen. Und tatsächlich ist sein Gefieder so ideal auf seine natürliche Umgebung abgestimmt, daß man schon genau wissen muß, wo er sitzt, um ihn entdecken zu können.

Wie leben die Papageien?

Lebensraum des Erdsittichs in W-Australien.

Sein bevorzugter Lebensraum sind die Sümpfe, das Heideland, die Mündungsebenen und vereinzelt auch die Weidegebiete entlang der Küste von Südost- und West-Australien sowie Tasmanien. Hier lebt er als ein sehr scheuer und zurückgezogener Vogel. Wird er zufällig einmal aufgeschreckt, fliegt er bis zu 5 m hoch auf, um sich in 30 m Entfernung wieder auf den Boden niederzulassen. Ansonsten ist er für ein Leben auf dem Erdboden gut ausgestattet: Es besitzt für einen Papagei sehr lange Füße, mit denen er schnell rennen kann. Nähert sich irgendeine Gefahr, nutzt er diese Fähigkeit. Er saust dann durch den Unterwuchs, hält von Zeit zu Zeit aber inne, streckt hierbei seinen kleinen Körper, um die Bedrohung besser ausmachen zu können, und flitzt im nächsten Moment sofort weiter. Klettern kann er allerdings nicht, und seine dünne Stimme läßt er vorsichtshalber nur ab Einbruch der Dämmerung hören; tagsüber würde er damit zu viele seiner Feinde herbeilocken.

Wie leben die Papageien?

Schwalbensittich (*Lathamus discolor*).

Die Reiselustigen

Daß die meisten Papageien ausgezeichnete Flieger sind, wurde schon zuvor berichtet. Den meisten würde es daher auch nicht schwerfallen, weite Strecken zurückzulegen. Dies machen zumindest einige unter ihnen auch gelegentlich, wenn sie außerhalb der Brutzeit nomadisierend umherstreifen. Daneben gibt es aber auch ausgesprochene Zugvögel unter den Papageien, die Jahr für Jahr in bestimmte Gebiete wandern, sei es um dort zu brüten oder weil sie dort bessere Nahrungsangebote vorfinden.

Nun darf man bei dem hier angeführten Papageienzugverhalten nicht an die Leistungen vieler unserer einheimischen Brutvögel denken, womöglich noch an die Küstenseeschwalbe (*Sterna paradisea*), die vom Norden Europas bis zur Südspitze Afrikas ungefähr 20 000 km zurücklegt. Solche Kraftakte vollbringen Papageien natürlich nicht, aber man darf einige von ihnen zumindest den Kurzstreckenziehern zurechnen.

Der Feinsittich (*Neophema chrysostoma*) und der Schwalbensittich (*Lathamus discolor*) wandern zum Beispiel regelmäßig im August und September von Südost-Australien über die Bass-Straße nach Tasmanien und einigen anderen Inseln, um dort zu brüten. Hierbei legen sie immerhin eine direkte Strecke von 200 km über dem offenen Meer zurück. Je nach Beendigung der Brut treten sie dann zwischen Januar und Mai den Rückweg an.

Im südlichen Südamerika wandern die Felsensittiche (*Cyanoliseus patagonus*) in Jahren mit besonders kaltem Wetter von Argentinien nach Uruguay, wo ein mildes Klima vorherrscht.

Arasittich (*Rhynchopsitta p. pachyrhyncha*).

Noch um die Jahrhundertwende besuchten Arasittiche (*Rhynchopsitta p. pachyrhyncha*) in den Sommermonaten regelmäßig den Süden der

Der Margarit-Sittich (***Bolborhynchus a. margaritae***) ist eine Unterart des Zitronensittichs (***B. aurifrons***). In der kalten Jahreszeit ziehen die Schwärme aus den oberen kalten Andenregionen in die Täler, wo das Klima bedeutend milder ist.

USA im Bundesstaat Arizona. Hier fanden sie die begehrten Piniensamen, die den Hauptbestandteil ihrer Nahrung ausmachen. Zur Brutzeit kehrten sie dann nach Südwest-Mexiko zurück. Nachdem aber die Kiefernwälder in den mexikanischen Staaten Sonora und Chihuahua abgeholzt worden waren, fanden die Sittiche während des Zuges kein Futter mehr, sie konnten also auch nicht mehr den nordamerikanischen Subkontinent besuchen.

Neben dem hier beschriebenen Zugverhalten findet man aber auch eine Variante, die von den in den Gebirgen lebenden Papageien verwendet wird. Sie führen vertikale Wanderungen durch, d.h. sie ziehen bei schlechten klimatischen Verhältnissen einfach von den Höhenlagen in die tiefer gelegenen Täler. Das ist natürlich viel schneller zu bewerkstelligen und auch viel praktischer, denn als Faustregel gilt: Ein Höhenwechsel von 1000 m entspricht klimatisch denselben Veränderungen wie eine 1000 km lange Nord- oder Südwanderung. Vor allem die südamerikanischen Andenbewohner verwenden diesen Trick. So verbringt der kleine Zitronensittich *(Bolborhynchus a. aurifrons)* den Sommer in der Puna-Region der West-Anden, im Winter zieht er aber hinunter in die Küstengebiete, und man kann ihn dann in Plantagen, auf Feldern und sogar in den Parkanlagen von Lima zahlreich antreffen.

Wie leben die Papageien?

Bild Seite 108 Prachtrosella (*Platycercus eximius*).

Bild Seite 109 Springsittich (*Cyanoramphus auriceps*).

Wie brüten Papageien?

Wie brüten Papageien?

Um Nachwuchs zu erhalten, bedarf es auch bei den Papageien eines Männchens und eines Weibchens. Und diese zwei müssen sich erst einmal finden. Hierbei haben es manche Vertreter der Familie offensichtlich leichter als andere. Bei ihnen sind die Geschlechter unterschiedlich gefärbt, die Angehörigen des anderen Geschlechts sind also auf den ersten Blick auszumachen, was ja bekanntlich bei uns Menschen nicht immer der Fall ist.

Die Wissenschaftler haben für das unterschiedliche Aussehen von Männchen und Weibchen natürlich ein treffendes Wort gefunden, sie nennen diese Erscheinung „Geschlechtsdimorphismus". Dieser Geschlechtsdimorphismus ist bei vielen Papageien mehr oder weniger deutlich ausgeprägt. Bei den Edelpapageien *(Eclectus)* zum Beispiel, wo die Männchen leuchtend grün und die Weibchen knallig rot gefärbt sind, ist er so stark, daß die Vogelkundler jahrzehntelang glaubten, es handele sich um verschiedene Arten.

Deutlich sind die Geschlechtsunterschiede noch bei den meisten australischen Sittichen. Der Grund hierfür wurde schon in dem Kapitel „Warum sind Papageien bunt?" näher erläutert: Als Steppenbewohner sind vor allem die Weibchen auf eine gute Tarnung angewiesen, während die Männchen ihr meist farbenprächtigeres Kleid für die Balz benötigen.

Etwas schwieriger haben es da schon die meisten Kakadus, einen Partner fürs Leben zu finden. Sie müssen sich tief in die Augen schauen, die Iris der Männchen ist schwarz, während die der Weibchen rot ist. Junge Weibchen besitzen allerdings bis zu ihrem vierten Lebensjahr ebenfalls dunkle Augen, was aber nicht überrascht. Schließlich gilt für den Kakadunachwuchs das gleiche wie für Menschenkinder: vor dem vierten Geburtstag wird nicht geflirtet.

Ob es bei einer Papageienart erkennbare Geschlechtsunterschiede gibt oder nicht, läßt sich auch durch einen Blick auf die Verbreitungskarte feststellen: Während die Vertreter aus Afrika und Süd- und Mittelamerika gleichgefärbt sind, besit-

Königssittich-Weibchen (*Alisterus scapularis*).

Vielfarbensittiche (*Psephotus varius*) zeigen ebenfalls deutliche Geschlechtsunterschiede.

Wie brüten Papageien?

Wenn man genau hinschaut, erkennt man bei diesem Rosakakadu-Pärchen (*Eolophus roseicapillus*) die rote Iris des Weibchens.

Auch bei den indischen Halsbandsittichen (*Psittacula krameri*) sind die Geschlechter unterschiedlich gefärbt. Dem Weibchen fehlt das rötlich-schwarze Halsband des Männchens.

zen jene aus Australien und Asien fast immer ein unterschiedliches Gefieder.

Ausnahmen gibt es natürlich genug. In Afrika sind es zum Beispiel die Rotbauchpapageien *(Poicephalus rufiventris)*, bei denen nur das Männchen einen orangeroten Bauch besitzt, in Mittelamerika die Weißstirnamazonen *(Amazona albifrons)*, hier fehlen dem Weibchen die roten Handdecken des Männchens, in Australien sind die Geschlechter aller Lori-Arten und in Asien die einiger Fledermauspapageien *(Loriculus)* gleichgefärbt.

Papageien verpaaren sich für ein Leben lang, die Partner machen meist alles gemeinsam und halten eng zusammen, wie dieses Paar Mönchsittiche (*Myiopsitta monachus*) deutlich vorführt.

Die Partnersuche

Wie geht nun die Partnersuche bei Papageien vonstatten? In der Regel ist das nichts besonderes. Zwei unverpaarte Tiere treffen zusammen, mustern sich gegenseitig, nähern sich, zwitschern miteinander und setzen sich anschließend Seite an Seite, um sich gegenseitig das Gefieder zu kraulen. Fertig – schon ist eine Ehe für ein ganzes Leben besiegelt.

Interessant ist es natürlich zu wissen, wann diese Paarbildung erfolgt. Die meisten Papageien erweisen sich hierin als ziemlich frühreif. So verpaaren sich Wellensittiche (*Melopsittacus undulatus*) bereits im zarten Alter von vier Monaten, die etwas größeren Vögeln, wie die Mönchsittiche (*Myiopsitta monachus*), mit fünf bis sechs Monaten und die Riesen unter den Papageien, die großen Aras, mit zwei bis drei Jahren. Leben die Vögel innerhalb eines Schwarmes, so werden bevorzugt familienfremde Partner gewählt, so daß es eigentlich nie vorkommt, daß sich Geschwister verpaaren.

Jedes Schwarmmitglied kommt allerdings nicht als Partner in Frage. Die Papageien achten genau darauf, ob ihr Gatte auch in Größe und Gefiederkleid zu ihnen paßt. Dies hört sich im ersten Moment etwas seltsam an, aber innerhalb einer Population gibt es oft erhebliche Größenunterschiede. Ein großes Weibchen wird daher auch ein zu ihm passendes großes, ein kleines auch nur ein entsprechendes Männchen wählen. Und Vögel mit einem zerschlissenen Federkleid haben vorerst keine Chance; sie müssen bis nach der

Ein Paar Hellrote Aras (*Ara macao*) bei der gegenseitigen Gefiederpflege.

Wie brüten Papageien?

Ein Schwarm Rosenköpfchen (*Agapornis roseicollis*), die zu den „Unzertrennlichen" (*Agapornis*) gehören.

nächsten Mauser warten, die ihnen dann hoffentlich wieder ein schmuckes Gefieder beschert, mit dem sie auf Partnersuche gehen können.

Eine Ehe unter Papageien hält ein Leben lang. Nur wenn eines der beiden Tiere stirbt, sucht sich der Hinterbliebene einen neuen Partner. Gelegentlich scheinen unter den Papageien besonders alte Tiere den Trennungsschmerz nicht zu überwinden. Sie leben dann als Einzelgänger.

Wie schon angedeutet, ist die Partnerbindung bei Papageien sehr eng. Ein Pärchen macht normalerweise alles gemeinsam: Nachts schlafen die Ehegatten dicht nebeneinander, sie kraulen oder ordnen sich gegenseitig das Gefieder oder sie fliegen, fressen und baden zusammen – kurz, sie führen ein Leben in Harmonie.

Bekannt geworden für ihre enge Bindung an den Ehepartner sind die Unzertrennlichen *(Agapornis)*.

Nicht ohne Grund heißen sie im englischen Sprachgebrauch Lovebirds, was soviel wie „Liebesvögel" bedeutet. Ihnen wurde nachgesagt, daß sie ohne ihren Partner nicht leben könnten und verkümmern oder sterben würden, wenn sie getrennt werden. Das ist natürlich übertrieben, aber wenn man einem Pärchen Pfirsichköpfchen *(Agapornis fischeri)* oder Schwarzköpfchen *(Agapornis personatus)* zuschaut, so kann man sich gut vorstellen, warum sie diesen Ruf erhielten.

Das bedeutet aber nicht, daß sich die Papageien nicht auch einmal streiten würden. Gerade die Unzertrennlichen sind bekannt für ihre heftigen Ehekräche. Wütend teilen sie dann mit ihren Schnäbeln wuchtige Hiebe aus oder hacken unter fürchterlichem Gezeter aufeinander ein – um im nächsten Moment wieder ein Herz und eine Seele zu sein und sich offenbar wieder inniglich zu lieben.

Wie brüten Papageien?

Der in Neuseeland beheimatete Kea (*Nestor notabilis*) gehört zu den eigentümlichsten Papageien.

Der Casanova

Soweit es bekannt ist, sind alle Papageien monogam, d.h. sie besitzen nur einen Partner und den für ein Leben. Eine Ausnahme gibt es allerdings: den Kea *(Nestor notabilis)*.

Ein wenig merkwürdig war er ja schon immer. Nicht nur, daß er es als einer der wenigen Vögel geschafft hat, in nahezu allen Kreuzworträtseln von Rang als „grüner Papagei mit drei Buchstaben" aufzutauchen, nein er ist auch der einzige, dem es Spaß macht, im Winter im Schnee seiner neuseeländischen Heimat herumzutollen, und hierin Purzelbäume zu schlagen, bis er über und über mit der weißen Materie bedeckt ist.

115

Wie brüten Papageien?

Er scheut nicht einmal davor zurück, in Berghütten einzusteigen, die er dann nach allem Freßbaren durchwühlt und verwüstet zurückläßt. Lange Zeit hat man nicht gewußt, wie die Keas überhaupt hineingekommen waren, bis man entdeckte, daß die cleveren Vögel die offenen Kamine als Einstiegsschacht benutzten. Seitdem verschließen viele Hausbewohner vorsichtshalber auch den Schornstein.

Aber auch sonst zeigen die Papageien wenig Scheu vor den Menschen. Überall wo es etwas zu fressen gibt, tauchen sie auf. Wählerisch sind sie nicht, sie fressen von den Abfällen der Haushalte genauso gern wie von den Früchten der Obstbäume in den Gärten. Mit ihren kräftigen Schnäbeln öffnen sie sogar mühelos Konservendosen, um an den Inhalt heranzukommen.

In einem hat man den Keas aber Unrecht getan. Ihnen wurde nachgesagt, sie töten weidende Schafe, um sie zu fressen. Als man hin und wieder tatsächlich tote Schafe entdeckte, an deren Fleisch sich gerade Keas gütlich taten, und als dies sogar noch in einigen „Fachbüchern" veröffentlicht wurde, forderten die erbosten Schafzüchter Konsequenzen. Sie erreichten, daß die Keas zum Abschuß freigegeben und sogar Abschußprämien gezahlt wurden. Allein in den Jahren von 1920 bis 1928 sollen 29 000 der Papageien ihr Leben gelassen haben, und von 1943 bis 1945 wurden nicht weniger als 6819 Vögel getötet.

Obwohl er zeitweise kurz vor der Ausrottung stand, gibt es heute noch einen kleinen Bestand. Mittlerweile ist er rehabilitiert und in Teilen Neuseelands unter Schutz gestellt worden. Zwischenzeitlich konnten nämlich vernünftige Vogelkundler nachweisen, daß der Kea sich lediglich an bereits verendete Schafe herangemacht hatte und überhaupt nicht in der Lage ist, ein gesundes Schaf ernstlich zu verletzen.

Doch zurück zu seinem Liebesleben, um das es hier ja eigentlich gehen soll. Zu einem Papagei mit einem derart „üblen Ruf" paßt es natürlich, daß er nicht wie alle anderen Vertreter seiner Familie einem Weibchen treu ist, sondern der „Vielweiberei" frönt. So ein Kea-Männchen kann einen „Harem" von bis zu vier Weibchen sein eigen nennen.

Meist findet man dieses Verhalten nur bei Vögeln, bei denen die weiblichen Tiere in der Überzahl sind. Dies ist bei den Keas aber nicht der Fall. Beringungsaktionen haben ergeben, daß es unter den beringten Jungvögeln sogar mehr männliche als weibliche Tiere gibt. Die einzige logische Erklärung für das Fortpflanzungsverhalten der Keas kann deshalb eigentlich nur lauten: Die Lebenserwartung der Männchen ist wesentlich geringer als die der Weibchen. Tauchen aber doch einmal in einem Schwarm zu viele männliche Konkurrenten auf, so sorgt die strenge Hackordnung, die jedem Vogel seine genaue Rangstellung innerhalb des Verbandes zuweist, recht gut dafür, daß diese nicht zum Zuge kommen.

rechts: Kea (*Nestor notabilis*).

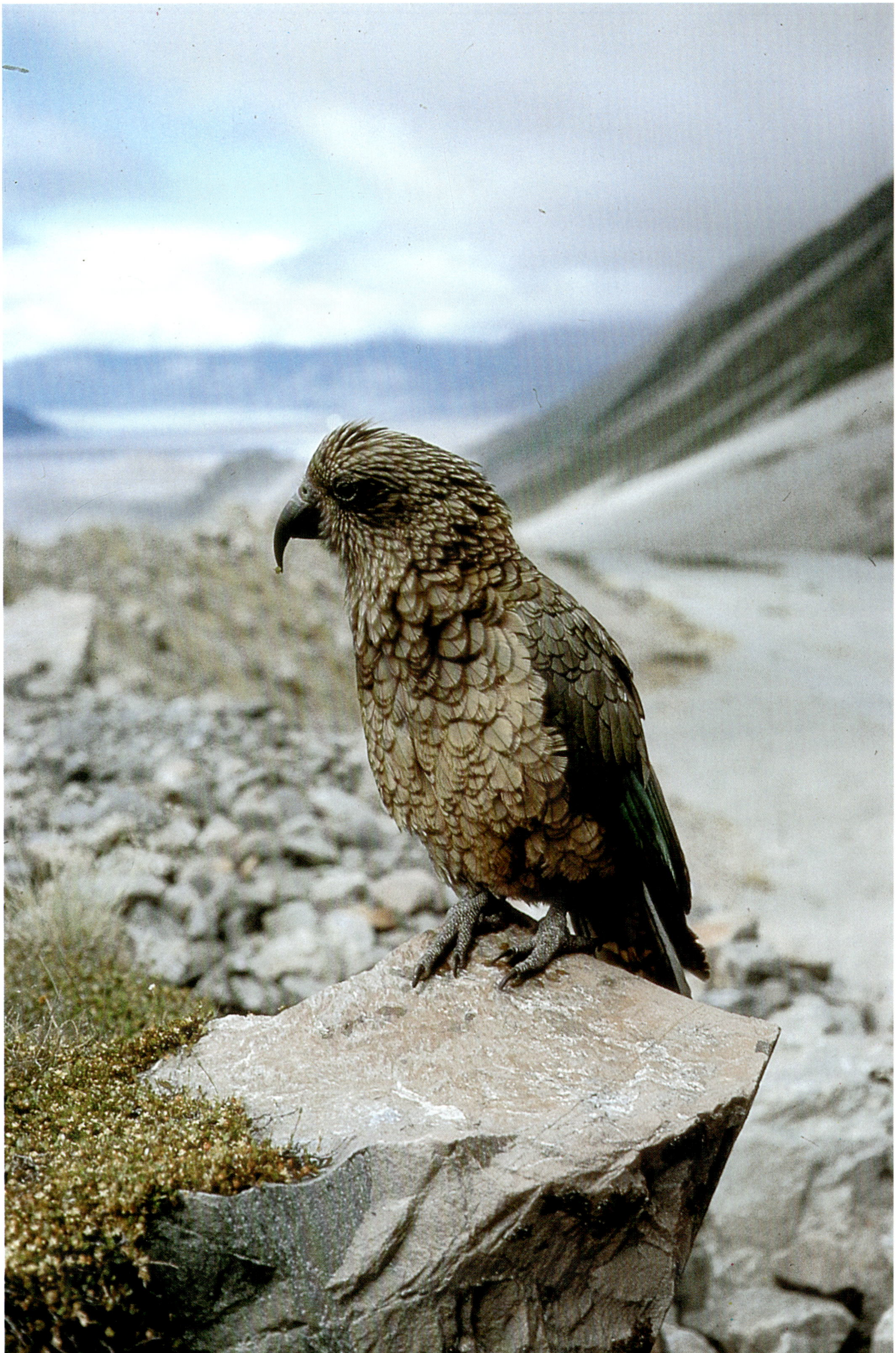

Wie brüten Papageien?

Ein junger Pennantsittich (*Platycercus e. elegans*) besitzt noch grüne Federn.

Die erste Brut

In welchem Alter Papageien das erste Mal zur Brut schreiten, ist so recht noch nicht erforscht. Mitunter kann das aber sehr früh sein. Von den australischen Königssittichen *(Alisterus scapularis)* und den Pennantsittichen *(Platycercus elegans)* weiß man, daß sie gelegentlich schon in einem Alter von weniger als 16 Monaten brüten, sie also noch nicht einmal ihr Jugendkleid abgelegt haben.

Besonders eilig mit dem Nachwuchs haben es auch die Grünwangen-Rotschwanzsittiche *(Pyrrhura molinae)*. Sie legen das erste Mal ihre Eier, wenn sie acht Monate alt sind. Aber auch die südamerikanischen Schmalschnabelsittiche *(Brotogeris)* warten nicht viel länger. Ihr erstes Gelege haben sie oft schon in einem Alter von zehn Monaten.

Den Rekord halten wohl die Wellensittiche *(Melopsittacus undulatus)*. Zumindest die „Jungmänner" sind schon zwei Monate nach Verlassen des Nestes zeugungsfähig. Der Grund hierfür liegt in der Anpassung an ihren Lebensraum, die trockenen Steppengebieten Australiens. Ihre Brut ist von den unregelmäßig fallenden Niederschlägen abhängig, die das Wachstum der für die Jungenaufzucht benötigten Futtersorten ermöglichen. Oft müssen die Wellensittiche monate- oder gar jahrelang auf die Regenfälle warten, ist es dann soweit, müssen alle bereit sein, und die Jungtiere dürfen dann auch keine Ausnahme machen.

Ansonsten gilt für die meisten Papageien die Regel: kleinere Sittiche und Papageien sind zwischen dem ersten und dem zweiten, Vögel von der Größe einer Amazone zwischen dem zweiten und dem dritten und große Vertreter, wie die Aras, ab dem vierten oder fünften Jahr zuchtfähig.

links: Der Blauflügelsittich (*Brotogeris c. cyanoptera*) gehört zu den Schmalschnabelsittichen.

Seite 119 oben: Dieser Pennantsittich (*Platycercus elegans*) ist voll ausgefärbt.

S. 119 unten: Grünwangen-Rotschwanzsittich (*Pyrrhura molinae australis*).

Wie brüten Papageien?

Wie brüten Papageien?

Ein Gelbhaubenkakadu (*Cacatua galerita*) mit aufgestellter Haube.

Das Liebesspiel

Das eigentliche Fachwort für das „Liebesspiel" der Vögel ist die „Balz". Für die meisten Vögel hat die Balz eine sehr wichtige Funktion, um die Fortpflanzung der Art zu sichern. So ermöglicht sie erst die Paarbildung, dient bei „Einzelgängern" zur Überwindung angeborenen Angriffs- oder Fluchtverhaltens, verhindert die Verpaarung zweier unterschiedlicher Arten oder stimmt beide Partner überhaupt erst auf den Kopulationsakt ein.

Da Papageien mit einer Ausnahme monogam sind und die Partner ein Leben lang zusammenbleiben, treffen die drei erstgenannten Aufgaben einer Balz auf sie nicht zu. Deshalb ist das Balzverhalten bei den meisten Vertretern der Familie nur wenig ausgeprägt, manchmal sogar verkümmert.

Vor allem bei den süd- und mittelamerikanischen Papageien ist das der Fall. Von den Amazonen weiß man, daß das Männchen um sein Weibchen herumstolziert. Dabei läßt es die Flügel etwas vom Körper abstehen, spreizt die Schwanzfedern und verengt die Pupillen unter den merkwürdigsten Lautäußerungen. Wenn es bemerkt, daß das Weibchen von derart imponierendem Gehabe beeindruckt ist, würgt es unter pumpenden Bewegungen Futterbrei aus dem Kropf hervor und füttert seine Gemahlin mit rüttelnden Bewegungen in der Art, wie später auch die Jungen gefüttert werden. Wenn das Männchen Glück hat, darf es jetzt schon das Weibchen begatten, wenn nicht – ja, dann beginnt das ganze Spielchen von vorn, solange, bis das Weibchen sich schließlich doch duckt, den Ehegatten mit einem Fuß ihren Rücken besteigen läßt, beide ihre Kloaken aufeinanderpressen und mit kreisenden Bewegungen, stöhnendem Krächzen und gespreizten Flügeln die Kopulation vollziehen. Dabei lassen sie sich Zeit, eine Begattung kann bei Amazonen schon mehrere Minuten in Anspruch nehmen.

Die Kakadus besitzen für die Balz sogar einen richtigen Kopfschmuck: ihre Federhaube. Während des Werbens wird diese aufgestellt, die Partner verbeugen sich höflich voreinander, und auch hier stolziert das Männchen vor seinem Weibchen. Die meisten Kakadu-Arten lassen einen eigenen Balzruf hören, dessen Lautstärke allerdings mit näherrückendem Brutbeginn leiser wird. Das ist auch lebenswichtig, denn die natürlichen Feinde sollen nicht gleich erfahren, wo es später Eier, Jungtiere oder brütende Weibchen zu erbeuten gibt.

Einige der schwarzen Kakadu-Arten, wie der Banks-Rabenkakadu (*Calyptorhynchus magnificus*), besitzen nur eine schwärzliche Federhaube, mit der sie bei der Balz nicht den „Eindruck schinden" können, wie zum Beispiel der Inka-Kakadu (*Cacatua leadbeateri*) mit seinem oft bewunderten rot-gelb-gestreiften Kopfschmuck. Der Banks-Rabenkakadu ist aber mit einer leuchtendroten Schwanzzeichnung ausgestattet. Wenn er sich bei der Balz tief nach unten beugt und den hochgestellten Schwanz auffächert, dabei noch

Wie brüten Papageien?

Während der Inkakakadu (*Cacatua leadbeateri*) die farbigen Haubenfedern zur Balz einsetzt, versucht der Banks-Rabenkakadu (*Calyptorhynchus magnificus*) durch seine leuchtendroten Schwanzfedern die Weibchen zu beeindrucken.

die Flügel abspreizt, dann wirkt er so groß und imponierend, daß sich jeder Inka-Kakadu verschämt zurückziehen müßte, schaute er gerade zu.

Auch andere Vertreter der Familie setzen ihr farbiges Gefieder zum Werben ein. Vom australischen Königssittich (*Alisterus scapularis*) ist bekannt, daß er seine Flügel entfaltet, um seine hellgrünen Schulterfedern zur Geltung zu bringen. Der Frauenlori *(Lorius lory)* öffnet sie ebenfalls, nur möchte er mit der leuchtend gelben Unterseite beeindrucken.

Das Weibchen der Edelpapageien (*Eclectus roratus*) verläßt gerade das Nest.

Wohin mit den Eiern?

Von den meisten Vögeln der Erde ist bekannt, daß sie ein Nest bauen. Dies dient dem Schutz der Eier, denn durch ein Nest können sie auch an schwer zugänglichen Stellen aufbewahrt werden. Daneben spielt es bei der Temperaturregelung eine wichtige Rolle. Ohne Nestunterlage würden die Eier von unten her erkalten. Das Aussehen eines Nestes hängt von verschiedenen Faktoren ab und variiert von Art zu Art. Dies ist auch bei den Papageien so. Viele von ihnen haben sich im Zuge der Anpassung an ihren Lebensraum ganz spezielle Aufbewahrungsorte für das Gelege ausgesucht.

Die Baumhöhlenbrüter

Zu dieser Gruppe zählt der überwiegende Teil aller Papageien. Typische Baumhöhlenbrüter sind zum Beispiel die Mehrzahl der Amazonen und Aras, die Kakadus, die Edelsittiche oder die Loris.

In der Regel suchen sie sich bereits vorhandene Höhlen, die von anderen Vögeln, vor allem von Spechten, bereits angefertigt wurden. Die Papageien erweitern sie lediglich, indem sie die Eingangslöcher und die Innenwände mit ihren kräftigen Schnäbeln bearbeiten. Da dies natürlich am leichtesten bei abgestorbenen Bäumen oder deren Resten geht, findet man sie bevorzugt an diesen. Aber nicht jede Baumhöhle ist geeignet. Je nach Art müssen die Vögel darauf achten, ob die Seitenwände noch dickwandig genug sind, um Schutz vor zu starker Kälte oder Hitze zu gewähren, ob sie wasserdicht sind oder hoch genug liegen, um Feinden den Zutritt zu verwehren.

Einige Papageien nagen sich ihre Nisthöhlen aber auch von Anfang an selbst in die Baumstämme, wenn auch meist in bereits abgestorbene. Bekannt ist dies von den seltenen Rotkopfpapageien *(Geoffroyus geoffroyi)* in Indonesien oder von den Maskenzwergpapageien *(Opopsitta diophthalma)* auf Neuguinea.

Selbst der absolute Zwerg der Familie, der nur 9 cm große Bruijns Spechtpapagei *(Micropsitta bruijnii)*, gräbt seine Bruthöhle in Eigenarbeit in das Holz abgestorbener Baumstümpfe. Dabei gibt er sich ausgesprochen große Mühe: Drei Meter über dem Erdboden führt ein Tunnel von 3 cm Durchmesser erst nach innen, später nach oben und dann wieder zurück bis zur eigentlichen Brutkammer, die sich genau über dem Ganganfang befindet. Sie hat eine Weite von immerhin 10 cm und ist mit einer 4 cm dicken Schicht kleiner Holzstückchen ausgepolstert. Man kann sich gut vorstellen, was so ein Winzling für eine enorme Leistung vollbringen muß, um einen sicheren Platz für sein Gelege zu schaffen. In

Wie brüten Papageien?

Brütendes Blaustirn-Amazonenweibchen
(*Amazona aestiva*).

Wie brüten Papageien?

Wie brüten Papageien?

Dieses Pärchen Helmkakadus (*Callocephalon fimbriatum*) sitzt vor dem Eingang seiner Bruthöhle.

dieser Bruthöhle darf aber vermutlich nur das Weibchen übernachten. Man nimmt an, daß das Männchen noch ein zweites Mal zupacken muß, um sich ein eigenes Nachtquartier herauszugraben.

Bild Seite 124: Der Halsbandsittich (*Psittacula krameri*) untersucht die Baumhöhle, die für eine Brut nicht zu eng sein darf.

Ein Nandaysittich-Weibchen (*Nandayus nenday*) beim Verlassen der Nisthöhle. Die Aufnahme entstand in S-Mato Grosso, Brasilien.

Wie brüten Papageien?

Die Felsensittiche (Cyanoliseus p. patagonus) graben sich ihre Nisthöhlen in Sandsteinwände. Oft brüten sie aber auch in stabilen Lehmwänden, wie diese Aufnahme zeigt.

Die Baumlosen

In vielen Gebieten, die von Papageien besiedelt wurden, kommen überhaupt keine Bäume vor. Was macht ein Papagei in einer derartigen Situation? Ganz einfach – er gräbt sich seine Nisthöhle in Erdböschungen. Typische Vertreter solcher Nestbauer findet man unter den Andenbewohnern Südamerikas.

Zu ihnen zählt der kleine Zitronensittich *(Bolborhynchus aurifrons)*. Sein Nest besteht aus einem 2 m langen Gang, der zu zwei Kammern führt, die 20 cm bis 30 cm hintereinander liegen. In dem vorderen Raum befinden sich die Eier, in dem hinteren scheint nachts das Männchen zu schlafen.

Die wesentlich größeren Felsensittiche *(Cyanoliseus patagonus)* graben sogar ganze Gangsysteme in Sandstein- oder Kalksteinfelswände. Das Ein-

Wie brüten Papageien?

Die Aufnahme zeigt den Lebensraum des Maronenstirnsittichs (*Rhynchopsitta p. terrisi*) in Coahuita; die Paare brüten in Höhlen oder Felsnischen innerhalb der Felswände.

gangsloch ihrer Höhlen hat einen Durchmesser von 8 cm bis 18 cm. Von hier aus führt ein Gang im Zickzackkurs bis zu 3 m tief zur Nestkammer, die gewöhnlich 40 cm lang und 15 cm hoch ist. Da die Felsensittiche Kolonienbrüter sind und die Nester oft dicht nebeneinander angelegt werden, treffen sich die Gänge regelmäßig im Innern, und es entsteht ein zusammenhängendes Labyrinth. Aus Furcht vor Feinden befinden sich die Höhleneingänge meist sehr hoch in der Felswand, so daß die Sittiche stets einen guten Überblick über die Landschaft zu Füßen der Brutkolonie besitzen.

Einige Vertreter der Familie machen es sich noch einfacher. Sie suchen sich Felshöhlen oder Spalten, die so beschaffen sind, daß sich ein Bearbeiten erübrigt. In Südamerika darf man den Perusittich (*Aratinga w. frontata*) und in Mittelamerika den Maronenstirnsittich (*Rhynchopsitta p. terrisi*) als typische Felshöhlenbewohner bezeichnen.

Ein Schwarm Maronenstirnsittiche (*Rhynchopsitta p. terrisi*).

Wie brüten Papageien?

Wie brüten Papageien?

Der Lebensraum des Klippensittichs (*Neophema petrophila*) sind die felsigen Küsten SW-Australiens.

Gelegentlich benutzt auch der Riese unter den Papageien, der Hyazinthara *(Anodorhynchus hyacinthinus)*, solche Nistgelegenheiten. Für ihn ist es aber auch ausgesprochen schwer, mit einer Größe von 100 cm eine geeignete Baumhöhle zu finden.

In Australien zählt der Klippensittich *(Neophema petrophila)* zu den Felshöhlenbrütern. Er bewohnt die felsigen Küsten seiner Heimat. Die vier oder fünf Eier legt er in entsprechende Spalten oder Risse unter Felsvorsprüngen, die einen gewissen Wetterschutz bieten und vor allem noch über dem Hochwasserpegel liegen.

Der kleine Klippensittich (*Neophema petrophila*) brütet in den Spalten der Felsbrocken, die direkt am Meeresstrand liegen. Dabei muß er sorgsam darauf achten, daß sein Nest nicht bei Sturm oder höherem Wasserstand überflutet wird.

Seite 128: Aufgrund ihrer Größe haben es die Hyazintharas (*Anodorhynchus hyacinthinus*) nicht leicht, geeignete Baumhöhlen zu finden. Oft müssen sie deshalb mit Felshöhlen und -nischen vorlieb nehmen.

Dieser Elfenbeinsittich (Aratinga c. canicularis) wurde als Nestling diesem Baumtermitenbau entnommen. Zur Demonstration der Nistweise wurde er noch einmal zu seiner „Geburtsstätte" gebracht.

Untermieter bei Termiten

Einige wald- und baumsavannenbewohnende Papageien haben ein Nisthöhlenproblem anderer Art. Obwohl sie in einem Lebensraum beheimatet sind, in dem natürliche Baumhöhlen oft sogar zahlreich vorhanden sind, können sie diese nicht nutzen. Die Konkurrenz anderer Höhlenbrüter, wie Spechte oder Stare, ist so groß, daß die meist kleineren Papageien im Kampf um geeignete Nistgelegenheiten keine Chance haben. Was also tun, wenn man keine Behausung abbekommt und selbst nicht in der Lage ist, sich eine eigene aus dem oft harten Holz der Waldbäume herauszuarbeiten? Nun, diese Papageien haben einen Ausweg aus dem Dilemma gefunden. Wozu gibt es denn die mitunter riesigen Bauten der Baumtermiten? Hier hinein graben überraschend viele Papageien ihre Bruthöhle.

In Mittelamerika hat sich der Elfenbeinsittich (Aratinga canicularis) so auf diese Bruthöhlenbeschaffung eingestellt, daß sich sein Verbreitungsgebiet exakt mit dem einer bestimmten Termitenart deckt. Auf Jamaika ist es der Jamaikasittich (Aratinga n. nana), in Südamerika einige Arten der Schmalschnabelsittiche (Brotogeris), in Afrika das Orangeköpfchen (Agapornis pullarius), auf Neuguinea die meisten Spechtpapageien (Micropsitta) und in Australien der Goldschultersittich (Psephotus chrysopterygius). Der letztgenannte Vogel weist noch eine Besonderheit auf. Er lebt in Symbiose mit einem Kleinschmetterling (Neossiosynoeca scatophaga). Unter einer Symbiose versteht man das Zusammenleben zweier verschiedener Tierarten, die sich dadurch gegenseitig sinnvoll ergänzen. Im Fall des Goldschultersittichs ernähren sich die Raupen des Schmetterlings vom Kot der jungen Sittiche. Auf diese Weise bleibt das Nest der Sittiche immer sauber. Die Raupen gehen dabei sogar soweit, daß sie den Jungen den Kot von den verschmutzten Füßen fressen.

Lange Zeit hat man nicht gewußt, wie die Papageien zusammen mit den Termiten in einem Bau leben können, immerhin sind zumindest einige Termitenarten als bissige Insekten bekannt. Spätestens beim Bebrüten des Geleges müßte es dem Weibchen eigentlich unangenehm werden. Dieses Rätsel konnte schließlich bei Freilandbeobachtungen an Elfenbeinsittichen gelöst werden: Innerhalb einer Woche graben die Sittiche einen Gang von 7 cm Durchmesser, dessen Eingang sich im unteren Teil des Baues befindet und der ungefähr 30 cm an der Innenseite der harten Außenwand aufwärts führt. Dann macht der Gang eine scharfe Kurve in Richtung Baummitte, wo er wieder etwas nach unten in die eigentliche Brutkammer abbiegt.

In dieser einen Woche müssen die Sittiche hart arbeiten. Ist ihr Werk fertig, legen sie eine einwöchige Pause ein, in der sie den Bau nicht betreten. Der Grund hierfür wird erst deutlich, wenn man in

Wie brüten Papageien?

dieser Zeit die Termiten beobachtet. Sie nutzen nämlich nun die Gelegenheit und verschließen die im Innern offengelegten Gänge ihres Baues. Betritt nun das Elfenbeinsittichpaar nach einer Woche seine Bruthöhle wieder, besitzt es eine

Der Finsch-Spechtpapagei (*Micropsitta finschii*) gehört zu den kleinsten Papageien der Erde. Auch er brütet in Baumtermitenbauten, in die er sich seine Nisthöhle gräbt.

abgeschlossene Wohneinheit, die keinerlei Verbindungen mehr zu den Termiten aufweist.

Die Baumeister

Eigentlich gibt es nur eine Papageienart, die bezüglich geeigneter Bruthöhlen richtig Pech gehabt hat: der Mönchssittich *(Myiopsitta monachus)*. Er bewohnt die Savannen des südlichen Südamerikas, in denen zumindest früher nur wenige Bäume vorhanden waren. Er hat dieses Problem gelöst wie Tausende anderer Vogelarten auch – er baut sich ein Nest. Natürlich kein gewöhnliches – schließlich ist er ja ein Papagei! Sein Nest besitzt einen Eingang mit einer Überdachung, einen Vorraum und eine Brutkammer. Gebaut wird es aus dünnen Zweigen, wobei er solche mit Dornen bevorzugt, da sich diese besser ineinander verhaken und dem Nest eine größere Stabilität verleihen.

Paraguay-Mönchssittich (*M. m. cotorra*), aufgenommen im Pantanalgebiet, Brasilien.

Die Nester hängen an den äußersten Ästen, woran sie förmlich angeflochten werden. Da aber für alle Mönchssittiche immer noch zu wenige Bäume vorhanden sind, fügen andere Paare ihre Nester einfach an ein schon vorhandenes an. Die Anzahl solcher Nestanbauten überschreitet aber selbst bei einem sehr großen Kolonienest nie zwölf. Der Grund hierfür ist einfach. Solche Mehrfamiliengebilde können bis zu einem Gewicht von 250 kg anwachsen, und das verwendete Baumaterial könnte gerade noch von einem großen Bauernwagen abtransportiert werden. Gelegentlich wird so ein Gebilde doch zu schwer, und es stürzt krachend herunter. Das hindert die kleinen Sittiche trotzdem nicht daran, auch bei neuen Nestern weiterhin das ganze Jahr über an ihrem Bau „herumzubasteln" oder schadhafte Stellen zu reparieren, indem sie zusätzlich neue Zweige anbringen.

Fast regelmäßig bewohnen die Mönchssittiche im Pantanalgebiet von Mato Grosso die untersten Etagen der großen Nester des Jabiru-Storches (*Jabiru mycteria*).

Neue Nestkammern werden aber nur im Frühjahr angefügt. Manche alten Bäume sind dann zu bedauern. Sie müssen an ihren Ästen oft sieben oder acht solcher Konstruktionen ertragen, was bei deren Gewicht natürlich bei jedem Sturm die Bruchgefahr vergrößert.

Hin und wieder erhalten die Mönchssittiche Untermieter. So werden regelmäßig Opossums in einer der oberen Nestkammern gefunden, wenn deren Eingang zu hoch angelegt worden war. Aber obwohl sie sich hier sogar häuslich niederlassen, können sie nicht in die anderen Kammern eindrin-

Wie brüten Papageien?

Die offenen Landschaften Brasiliens und Argentiniens sind der Lebensraum der Mönchssittiche (*Myiopsitta monachus*). Hier findet man auf einzelnen Bäumen oft gleich mehrere Kolonienester.

Wie brüten Papageien?

gen oder die Sittiche am Ein- oder Ausfliegen hindern. Manchmal brütet auch eine Amazonasente *(Amazonas brasiliensis)* in den Nestern, und immer wieder findet man Nestbauten, in denen alle drei Tierarten friedlich nebeneinander leben.

Aber auch die Mönchssittiche nutzen die Baukunst anderer Vögel. Mitunter hängen sie ihre Nester einfach an die schon vorhandenen der Jabiru-

Langschnabelsittich (*Enicognathus leptorhynchus*).

Störche *(Jabiru mycteria)* oder der Chimango-Falken *(Milvago chimango)*, woran sich jene offensichtlich nicht stören.

Bei den Viehzüchtern in Argentinien, Paraguay und Bolivien sind die Mönchssittiche nicht gern gesehen, da sich deren Rinder immer wieder in den heruntergefallenen Dornzweigen unter den Nestern verletzen. Gerade sie aber haben durch das Anpflanzen schattenspendender Bäume dazu beigetragen, daß der einst seltene Sittich heute zu den zahlreichsten Vertretern seiner Familie gehört. Es ist daher nicht ohne Ironie, wenn sie ihn heute bekämpfen. Die angewandten Methoden sind dabei nicht gerade fein: Meist werden die Nester einfach in Brand gesetzt. Diese grausame Bekämpfungsart hat Tradition. Früher wurde sie von den einheimischen Indianern benutzt, um die Jungtiere, die als Delikatesse galten, zum Verlassen der Nester zu bewegen.

Ein kleiner Schwarm Pfirsichköpfchen (*Agapornis p. fischeri*).

Ein Gelegenheitsnestbauer ist der Langschnabelsittich *(Enicognathus leptorhynchus)* aus Zentral-Chile. Eigentlich nutzt er als Nistgelegenheit alles: Baumhöhlen, Termitenbauten oder Felsspalten. Er achtet aber streng darauf, daß diese die größte Sicherheit gegen Füchse, Schlangen und Wildkatzen bieten. Und solch einen Platz zu finden, ist natürlich nicht immer einfach. Deshalb ist er oft gezwungen, eine umständliche, aber sichere Notlösung zu wählen. Er sucht sich einen aus einer steilen Felswand herauswachsenden Baum oder Busch, an dessen Stamm er dann ein Nest aus dicken Zweigen anbaut. Das ist zwar nicht so wuchtig wie das der Mönchssittiche, aber es hat immerhin noch eine Breite von 20 cm und eine Tiefe von 50 cm. Oben erhält es ein abgerundetes Dach und im Innern eine mit Federn und anderen weichen Materialien ausgepolsterte Nistmulde, in die später die Eier gelegt werden.

In Afrika bauen einige Arten der Unzertrennlichen *(Agapornis)* ebenfalls ein Nest. Aber auch bei ihnen ist das nicht die Regel, denn sie haben sich

Die Pfirsichköpfchen (*Agapornis p. fischeri*) haben sich auf die Hängenester der Rotschwanzweber spezialisiert, die sie vertreiben, um sich das Nest für die eigene Brut herzurichten.

daran gewöhnt, die kunstvollen Hängenester der verschiedenen Webervögel zu beziehen. So besetzt das Rosenköpfchen *(Agapornis roseicollis)* in Südost-Afrika gern die Nestkolonien der Siedelweber *(Philetairus socius)* oder der Mahaliweber *(Plocepasser mahali)*. Dabei nehmen die Zwergpapageien keine Rücksicht darauf, ob ein Nest bewohnt ist oder nicht. Die rechtmäßigen Eigentümer werden notfalls einfach davongejagt. Da die Webervögel den Nestboden schon gut gepolstert haben, brauchen die Rosenköpfchen kaum noch Nistmaterial einzutragen.

Wie brüten Papageien?

Dieses junge Blaukrönchenweibchen (*Loriculus g. galgulus*) gehört zur Gattung der Fledermauspapageien, die zu den wenigen Papageien gehören, die Nistmaterial in die Bruthöhle eintragen.

Sind aber keine Webernester vorhanden, müssen die kleinen Papageien selbst zupacken. Sie suchen sich dann eine geeignete Stelle in einer Felsspalte, Baumhöhle oder gar unter einem Hausdach. Diese wird nun kunstvoll mit Halmen, Rindenstreifen, Palmblattfasern oder ähnlichen Materialien zu einem richtigen Nest zusammengeflochten.

Für den Transport des Nistmaterials haben die kleinen Papageien eine zweckmäßige Methode gefunden: Sie schieben sich die Baumaterialien einfach in das Bürzelgefieder. So können sie z.B. mehrere Halme auf einmal zum Nest bringen. Die Männchen beteiligen sich jedoch nicht sonderlich am Nestbau. Sie fliegen zwar mit den Weibchen hin und her, vermutlich um ihnen ständig gute Ratschläge für den Abtransport der Materialien zum Nest zu geben, das Zupacken ist aber unter ihrer Würde.

Das nahe verwandte Pfirsichköpfchen *(Agapornis p. fischeri)* ist in Tansania beheimat. Es hat sich auf die Nester des Rotschwanzwebers spezialisiert. Aber wie das Rosenköpfchen ist es durchaus fähig, eigene Nester zu bauen, die sogar recht umfangreich und überdacht sind. Im Gegensatz zum Rosenköpfchen verwendet es bevorzugt abgebissene Rindenstreifen, die es im Schnabel zum Nest transportiert.

In Asien leben die kleinen Fledermauspapageien *(Loriculus)*. Sie haben ihren Namen wegen der Angewohnheit erhalten, sich beim Schlafen und teilweise sogar beim Fressen kopfunter an einen Zweig zu hängen. Auch bei ihnen findet man noch Verhaltensweisen, die an den Bau von Nestern erinnern. Sie brüten zwar ausschließlich in Höhlen alter Bäume oder in Baumtermitenbauten, doch tragen sie eine dicke Schicht Grashalme, morscher Holzstücke oder ähnliches als Nestunterlage ein. Eine weitere Gewohnheit erinnert an andere Nestbauer: Genau wie die Unzertrennlichen transportieren sie das Nistmaterial im Bürzelgefieder.

Wie brüten Papageien?

Der Antipodensittich (*Cyanoramphus unicolor*) gehört zu den im Boden brütenden Papageienarten. Er gräbt sich seine Nistbauten in den weichen Torfboden seiner Heimatinseln.

Die Bodenbrüter

Als Anpassung an ihre gewohnte Lebensweise und ihren Lebensraum sind einige Papageien dazu übergegangen, auf oder unter der Erde zu brüten.

Typische Vertreter in Australien sind der Erdsittich (*Pezoporus wallicus*) und der Nachtsittich *(Geopsittacus occidentalis)*. Beide Arten müssen sich ganz auf ihr Tarnkleid verlassen, da ihnen ja der Schutz einer Bruthöhle fehlt. Beim Erdsittich besteht das Nest aus einer flachen Mulde, die mit zerbissenen Stengeln oder ähnlichem ausgepolstert ist. Immer befindet sie sich direkt neben einer Tussock-Staude oder einem anderen kleinen Busch, wo sie nur schwer zu entdecken ist. Beim Nachtsittich befindet sich das gepolsterte Nest sogar in der Mitte eines Tussock-Grasbüschels.

Auf den Antipoden nistet eine Unterart des Ziegensittichs (*Cyanoramphus novaezelandiae*) ebenfalls in Tussock-Grasbüscheln, während der auf der gleichen Insel beheimatete Einfarblaufsittich *(Cyanoramphus unicolor)* in Erdhöhlen brütet, die er sich in den weichen Torfboden gräbt.

Aber selbst große Papageien wie der Kea *(Nestor notabilis)* oder der Eulenpapagei *(Strigops habroptilus)* brüten im Erdboden. Beide suchen sich allerdings einen großen Riß oder eine Spalte zu Füßen eines Felsens oder graben ihren Bau zwischen den Wurzeln eines Baumes aus. Während beim Eulenpapagei die Nisthöhle gewöhnlich einen Durchmesser von 60 cm und eine Höhe von 30 cm besitzt, kann sie beim Kea 1 m bis 6 m betragen. Bei beiden Arten wird der Boden mit Moos, vermoderten Holzstückchen oder ähnlichen Materialien ausgepolstert.

Wie brüten Papageien?

Wie brüten Papageien?

Eine seltene Aufnahme: Ein Kakapo (*Strigops habroptilus*) bei der Balz auf dem eigens von ihm dafür geschaffenen Platz.

Der Eulenpapagei fällt noch durch eine andere Besonderheit auf, die unter den Papageien einzigartig ist. Nicht nur, daß er sich eigene Wege anlegt, die er benutzt, um zu seinen Futterpflanzen zu gelangen; entlang dieser Wege befinden sich außerdem in regelmäßigen Abständen Balzplätze, deren auffallendstes Merkmal eine Mulde von 45 cm bis 60 cm Durchmesser ist und deren Tiefe ungefähr 10 cm beträgt. Meist befinden sie sich neben einer abgestorbenen Wurzel oder unter einem lichten Strauch. Offenbar werden sie nicht das ganze Jahr über benutzt, während der sommerlichen Brutsaison herrscht hier nachts aber ein reges Treiben. Wie genau die Eulenpapageien eigentlich balzen ist noch nicht erforscht, zumindest kann man in dieser Zeit aber ihren einzigartigen Balzruf vernehmen, der weit über die Täler Neuseelands erschallt.

Erdsittiche (*Pezoporus wallicus*) ziehen ihre Jungen auf dem Erdboden groß. Für sie ist eine Tarnung deshalb auch lebensnotwendig. Kein Wunder, daß die Jungen auf dieser seltenen Aufnahme auf den ersten Blick kaum zu bemerken sind.

Wie brüten Papageien?

Die Nisthöhlen der Bahama-Amazone (*Amazona l. bahamensis*) befinden sich auf der Karibikinsel Abaco in den Erdlöchern des ausgewaschenen Kalksteinbodens.

Selbst unter Neuweltpapageien gibt es einen, der in Erdlöchern brütet. Es ist die Bahama-Amazone (*Amazona l. bahamensis*), eine Unterart der Kuba-Amazone (*Amazona leucocephala*). Einst war sie auf allen größeren Bahama-Inseln zu finden, heute trifft man sie nur noch auf Inagua und Abaco. Während sie auf Inagua aber in den Höhlen abgestorbener Bäume nistet, zieht sie auf Abaco ihre Jungen ausschließlich in Erdhöhlen auf. Der Grund hierfür ist leicht erklärt: Auf Abaco sind große Bäume nur spärlich vorhanden, im Gegensatz zu natürlichen Erdlöchern. Zusätzlich fehlen jegliche Säugetiere, die eine Gefahr für die Amazonen darstellen könnten.

Alle Nisthöhlen befinden sich in Kalksteinböden, die seit Jahrtausenden von den Regenfällen ausgewaschen werden. Die Amazonen können hier so unter einer Vielzahl von Nistgelegenheiten wählen. Bevorzugt werden von ihnen Erdlöcher, die einen kleinen Eingang besitzen, innen aber einen Durchmesser von 30 cm bis 60 cm aufweisen. Zusätzlich müssen sie noch so beschaffen sein, daß das Gelege auch bei starken Regenfällen noch trocken liegt.

Wie brüten Papageien?

Bahama-Amazone
(*Amazona l. bahamensis*).

Wie brüten Papageien?

Soldatenara (Ara ambigua).

Das Gelege

Bevor ein Papageienweibchen das erste Ei legt, sieht man es ihm schon an. So wie bei schwangeren Frauen der Bauchumfang zunimmt, schwillt bei Papageien der Unterleib an. Schließlich hat das Ei ja eine bestimmte Größe, die sich bemerkbar machen muß. Und da es auch ein oft nicht unerhebliches Gewicht besitzt, fliegen insbesondere die kleinen Familienvertreter jetzt sehr schwerfällig.

Die größte Leistung haben hierbei die Spechtpapageienweibchen (Micropsitta) zu bewältigen. Ihre Eier wiegen zwischen 12,8% und 13,6% des Körpergewichts, das bei diesen Winzlingen nur 13 g bis 14 g beträgt. Am leichtesten hat es hingegen der Gelbbrustara (Ara ararauna), die Weibchen dieser Art legen Eier mit einem Gewicht von 33 g, was 3,3% ihres Körpergewichts ausmacht. Das schwerste aller Papageieneier legt das Weibchen des großen Soldatenaras (Ara ambigua): Es bringt stolze 63 g auf die Waage. Es kann sich ohne weiteres mit einem Hühnerei messen, mit dem es neben der Form auch die weiße Färbung gemeinsam hat. Die bisher angeführten Daten sind freilich Extremwerte. Auf alle Papageien bezogen, wiegt ein Ei durchschnittlich 6,5% des Körpergewichts der jeweiligen Art.

Die Gelegegröße, also wieviel Eier gelegt werden, ist von Art zu Art unterschiedlich und variiert selbst innerhalb der Art. So legt das Weibchen des Braunkopfkakadus (Calyptorhynchus lathami) in der Regel nur ein einziges Ei, ganz selten auch einmal zwei. Vom Tovisittich (Brotogeris jugularis) weiß man, daß er gelegentlich bis zu acht Eiern legt. Den Rekord dürften aber wohl die bekannten Wellensittiche (Melopsittacus undulatus) halten, in deren Nestern man auch schon einmal neun Eier finden kann.

Gelege eines Pfirsichköpfchens (Agapornis p. fischeri).

Als Regel gilt: Große Papageien haben kleinere Gelege als die kleineren Familienvertreter. Die Mehrzahl aller Papageien legt aber zwischen drei und fünf Eiern.

Ein ähnlicher Zusammenhang besteht bezüglich des zeitlichen Abstandes, in dem die einzelnen Eier gelegt werden. Durchschnittlich dürfte er 48 Stunden betragen. Bei kleineren Vögeln, wie

Wie brüten Papageien?

Dieses Schönsittichweibchen (*Neophema pulchella*) hat sich zum Brüten einen ungewöhnlichen Platz ausgesucht.

zum Beispiel dem Bourkesittich *(Neophema bourkii)*, dauert es jedoch nur 32 Stunden, bei den großen Aras oder Kakadus können mehrere Tage vergehen, bis das nächste Ei gelegt wird.

Gebrütet wird bei fast allen Papageien ab dem zweiten Ei. Das bedeutet, daß die ersten zwei Jungen gleichzeitig schlüpfen, alle anderen mit dem zeitlichen Abstand, mit dem auch das Ei gelegt worden war. Einige Arten haben es jedoch besonders eilig. Der Elfenbeinsittich *(Aratinga canicularis)* oder der Halsbandsittich *(Psittacula krameri)* brüten zum Beispiel gleich ab dem ersten Ei. Andere, wie fast alle Schmalschnabelsittiche *(Brotogeris)*, lassen sich Zeit. Erst nachdem sie das letzte Ei gelegt haben, wird das Gelege von ihnen gewärmt. Dementsprechend schlüpfen alle Jungen an einem Tag.

Bei fast allen Papageien trägt das Weibchen die Last des Brütens allein. Nur selten verläßt sie das Gelege, meist frühmorgens und abends, um sich zu entleeren und um schnell und hastig etwas zu fressen. Tagsüber wird sie hingegen fast immer vom Männchen mitversorgt, das für das Weibchen mitfrißt und ihr das Futter in der Bruthöhle wieder hervorwürgt.

Eigentlich brauchen die wenigsten Weibchen so fest auf den Eiern zu sitzen. Untersuchungen haben ergeben, daß selbst Eier, die 12 Stunden nicht gewärmt wurden, noch nicht abgestorben waren.

Bei einigen Papageien helfen aber auch die Männchen beim Brüten, indem sie die Weibchen stundenweise ablösen. Typisch ist dieses Verhal-

Wie brüten Papageien?

Liebevoll kümmert sich das Singsittichmännchen (*Psephotus h. haematonotus*) um sein brütendes Weibchen, das es regelmäßig mit Futter versorgt.

ten vor allem bei den Eigentlichen Kakadus *(Cacatua)*, einer Gattung, die sich hauptsächlich durch ihr weißes Grundgefieder von den anderen Kakadus unterscheidet.

Die Brutdauer, also die Zeit vom Beginn des Erwärmens bis zum Schlupf der Jungen, ist ebenfalls von Art zu Art unterschiedlich und hängt von der Größe des Vogels ab. Junge Wellensittiche *(Melopsittacus undulatus)* schlüpfen bereits nach 18 Tagen, Vielfarbensittiche *(Psephotus varius)* nach 20, Sonnensittiche *(Aratinga solstitialis)* nach 23, die meisten Amazonenarten nach 26 und die größten Papageien, die Hyazintharas *(Anodorhynchus hyacinthinus)*, nach 29 Tagen.

Die Kinderstube

Wie zu erwarten ist, variiert auch die Nestlingszeit, also die Dauer, wie lange die Jungen im Nest bleiben, von Art zu Art. Bei den kleineren Vertretern, wie zum Beispiel den Sperlingspapageien *(Forpus)*, beträgt sie 32 Tage, bei den Plattschweifsittichen *(Platycercus)* verlassen die Jungen mit 35 Tagen das Nest, bei den Rotschwanzsittichen *(Pyrrhura)* mit 50, bei den Rotsteißpapageien *(Pionus)* mit 60, junge Langflügelpapageien *(Poicephalus)* benötigen dazu 77 Tage und die großen Aras gar zwischen drei und vier Monate.

Wenn die Jungen mit Hilfe ihres Eizahnes, ein hartes Horngebilde auf der Schnabeloberseite, die harte Eischale durchbrochen haben, bekommen sie von ihrer Umwelt noch nicht viel mit – denn sie sind blind und hilflos. Insbesondere in den kälteren Gebieten und während der Nacht ist es jetzt wichtig, daß sie von ihrer Mutter gewärmt werden. Auf die erste Mahlzeit müssen sie noch etwas warten. Die bekommen sie in der Regel erst nach mehreren Stunden, bei Graupapageien *(Psittacus erithacus)* oft erst nach einem Tag.

Spätestens jetzt stellt sich heraus, was für ein feines Werkzeug der mächtige Papageienschnabel sein kann. Zum Füttern legt das Weibchen seine winzigen Nestlinge mit Hilfe des Schnabels auf den Rücken. Dann tippt es mit der Spitze leicht gegen die weichen, wulstigen Schnabelränder des Jungtiers. Bei dem löst dies einen angeborenen Reflex aus: Der Winzling sperrt unter ständigen Kopfbewegungen und Bettelrufen den Schnabel auf. Den hält nun das Weibchen zwischen Oberschnabel und Zunge und füttert so das Junge unter pumpenden Bewegungen mit einer speziellen Kropfmilch.

In den ersten zwei Wochen wiederholt sich diese Prozedur alle zwei Stunden, später werden die Abstände zwischen den Mahlzeiten immer größer. Die kleinen Papageien brauchen dann auch nicht mehr auf den Rücken gelegt zu werden, sie recken einfach ihren Kopf hoch und betteln lautstark.

Die Entwicklung eines Papageien soll hier stellvertretend für alle Arten an einem Braunohrsittich *(Pyrrhura frontalis)* beschrieben werden. Sie verläuft bei allen Vertretern der Familie ähnlich, nur je nach Art zeitlich verschoben.

Gerade geschlüpfte Braunohrsittiche (*Pyrrhura frontalis*) sind absolut hilflos.

Wenn die Jungen schlüpfen, besitzen sie einen weißlichen Flaum. Beim Helmkakadu *(Callocephalon fimbriatum)* ist er gelb und bei den Jungen des Erdsittichs *(Pezoporus wallicus)* schwärzlich. Die rosafarbene Haut scheint jedoch deutlich hindurch. Anfangs wachsen die Jungen nur langsam, aber bereits ab dem 9. Tag sind die aufkommenden Federn schon als kurze, dunkle Striche durch die Haut zu erkennen. Jetzt machen die jungen Braunohrsittiche auch einen „Schuß", d.h. zwischen dem 8. und 15. Lebenstag nehmen sie beträchtlich an Umfang und Gewicht zu.

Dasselbe Braunohrsittichjunge ist hier bereits 22 Tage alt und kann schon sehen.

13 Tage nach dem Schlupf öffnen sie zum ersten Mal die Augen, und der anfangs weißliche Schnabel zeigt jetzt einen grauen Anflug; gleichzeitig stoßen die ersten Federkiele durch die Haut.

Im Zeitraum von der dritten bis zur vierten Woche brechen am ganzen Körper, mit Ausnahme des Unterrückens, die Kiele auf. Jetzt ist der kleine Kerl schon deutlich als Braunohrsittich zu identifizieren, denn man sieht die für ihn typische Halssäumung schon sehr gut. Nach ungefähr 40 Tagen ist der Vorgang der Befiederung so gut wie abgeschlossen. Das Braunohrsittichjunge unterscheidet sich von seinen Eltern im wesentlichen nur durch die blassere Schnabelfärbung, durch den seitlichen Schnabelwulst und durch die dunklen, großen Kinderaugen. Auch die Größe seiner Eltern hat er bereits erreicht; um das Nest verlassen zu können, muß er nur noch etwas „Babyspeck" verlieren, d.h. er nimmt ungefähr 10% seines Gewichtes ab. Das ist notwendig, damit er bei seinem ersten Ausflug auch das ideale Fluggewicht besitzt.

Wenn die Jungen 14 Tage alt sind, können sie von den Eltern auch schon einmal für kurze Zeit allein gelassen werden. Das Weibchen begleitet seinen Partner nun regelmäßig zum Fressen und um Nahrung für die Jungen herbeizuschaffen. Je nachdem, wie viele Nestlinge das Licht der Welt erblickten, ist das auch notwendig. Das Männchen könnte den täglich wachsenden Nahrungsbedarf mancher Großfamilie allein nicht decken. Die Jungen werden mit zunehmendem Alter auch schon einmal bis zu sieben Stunden allein gelassen.

Das birgt natürlich auch gewisse Gefahren in sich. Die verschiedensten Nesträuber können sich in der Zwischenzeit über die schutzlosen Jungen hermachen. Viele Bruten schlagen nicht zuletzt auch aus diesem Grund fehl. Untersuchungen ergaben, daß bei Halsbandsittichen *(Psittacula krameri)* fast 30% der Jungen starben, bevor sie das Nest verlassen konnten. Mitunter ist die Aufzuchtrate noch schlechter. Von acht untersuchten Nestern des Blaugenick-Sperlingspapageis *(Forpus coelestis)* konnten nur aus dreien Junge

Oft mißlingen die Bruten der Blaugenick-Sperlingspapageien *(Forpus coelestis)*, da sie häufig unter Nesträubern zu leiden haben.

ausfliegen. Bei diesen drei erfolgreichen Bruten waren insgesamt 17 Eier gelegt worden, aus denen 10 Jungen schlüpften, die auch aufgezogen wurden.

Wenn die Jungen das erste Mal das Nest verlassen, werden sie immer von ihren Eltern begleitet. Die Aufregung ist natürlich groß, offensichtlich aber auch die Angst mancher Jungen. Viele benötigen schon mehrere Anläufe, bis sie sich schließlich doch nach langem Zureden der Eltern in die Lüfte wagen. Und da sie zwar von Natur aus fliegen können, aber das richtige Landen erst lernen müssen, dauern die ersten Ausflüge meist

Wie brüten Papageien?

Diese drei jungen Scharlachkopfpapageien (*Pionopsitta pileata*) haben gerade das Nest verlassen. Auf dem rechten Bild ist der Vater zu sehen, der sich immer in der Nähe seines Nachwuchses aufhält.

immer länger. Oft kehren die Jungen erst nach zwei oder drei Tagen ans Nest zurück, und dies auch nur, weil sie mühsam durch das aufgeregte Schreien ihrer Eltern hierher geleitet wurden.

Die Stimmen ihrer Eltern kennen sie im übrigen ganz genau. Man hat dies bei Maronenstirnsittichen *(Rhynchopsitta p. terrisi)* festgestellt. Mit einem kleinen Kassettenrecorder wurden die Rufe brütender Altvögel zweier Paare aufgenommen. Nachdem die Eltern das Nest verlassen hatten, spielte man den Jungen die Rufe beider

Wie brüten Papageien?

Hier macht ein junger Goldmantelrosella (*Platycercus e. cecilae*) den ersten Ausflug in Begleitung eines Altvogels.

Altpaare vor. Und tatsächlich antworteten sie nur dann, wenn sie die Stimmen der eigenen Eltern hörten.

Solches Wiedererkennen ist natürlich sehr nützlich. Wie viele andere Papageien sammeln sich die Familien der Maronenstirnsittiche oft schon wenige Tage, nachdem die Jungtiere das Nest verlassen haben, zu großen Verbänden von manchmal mehreren hundert Vögeln. Da die Jungen aber erst nach einigen Wochen wirklich selbständig sind, ist das sichere Wiedererkennen der eigenen Eltern lebensnotwendig. Von diesen sind sie schließlich in bezug auf Futter, Führung und Schutz abhängig.

Eine Sonderstellung in Hinsicht auf das Aufzuchtverhalten bei den Papageien nehmen die Erdsittiche *(Pezoporus wallicus)* ein. Wie schon berichtet, brütet diese Art auf dem Erdboden. Junge Erdsittiche sind so etwas ähnliches wie Nestflüchter. Ganz diesen zurechnen darf man sie freilich nicht, da ihnen ein vollständiges Dunenkleid und die Fähigkeit, gleich laufen zu können, fehlt. Aber bereits im Alter von 14 Tagen laufen die hungrigen Jungen ihren Eltern entgegen, wenn diese von der Futtersuche zurückkommen.

Eine Woche später verlassen sie ihr Nest bereits bei den geringsten Störungen, und wenige Tage danach geben sie dessen Schutz ganz auf und verstecken sich lieber in den Tussock-Grasbüscheln der Umgebung. Zu diesem Zeitpunkt sind sie zwar schon voll befiedert, ihr Schwanz ist aber sehr kurz, und sie können noch nicht fliegen.

Halsbandsittiche (*Psittacula krameri*) an der Bruthöhle

Seite 149: Zwei junge Prachtrosellas (*Platycercus e. eximius*) klettern am Eingang ihrer Nisthöhle umher.

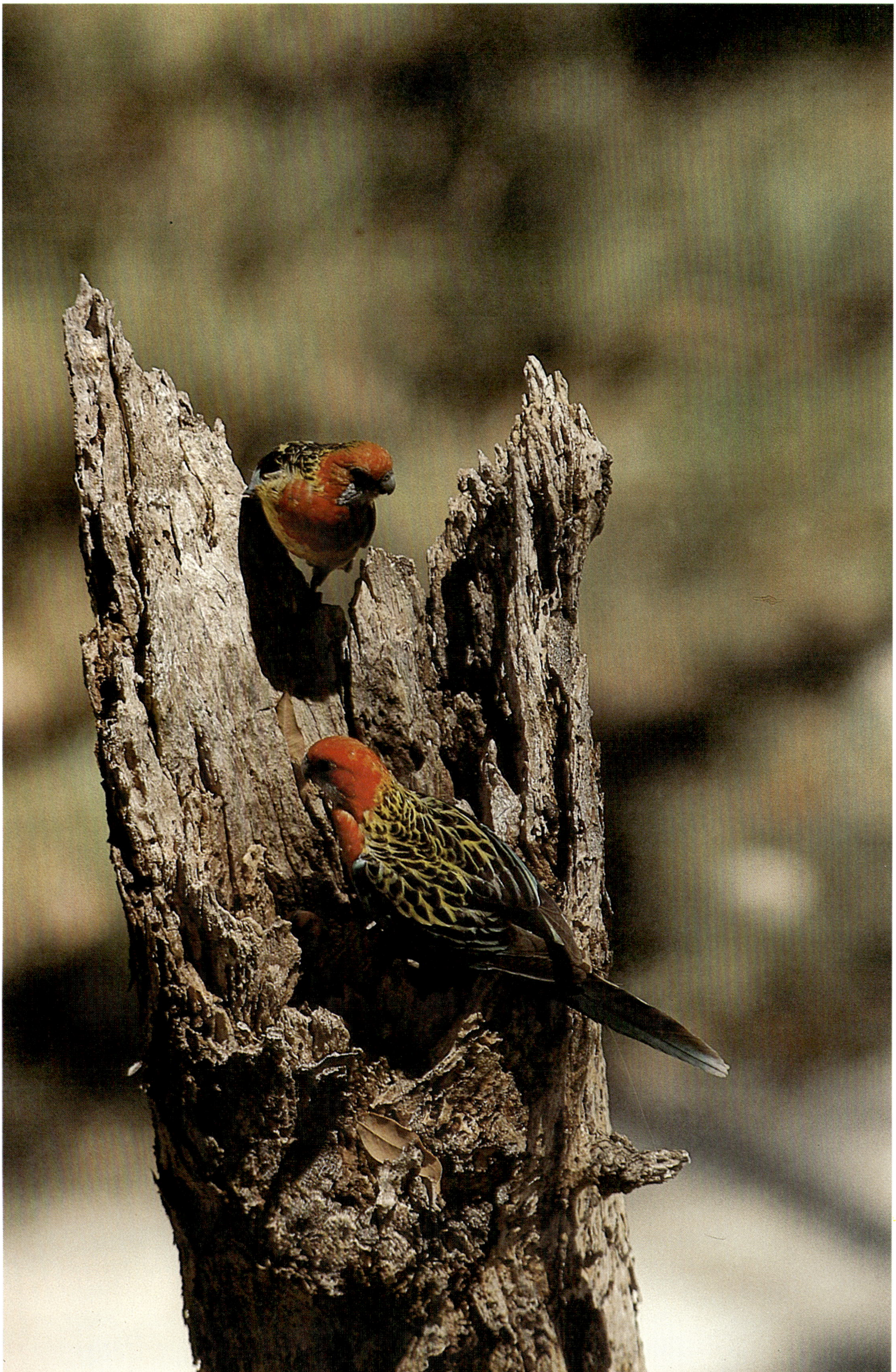

Wie brüten Papageien?

Die Rabeneltern

Papageien sind außerordentlich fürsorgliche Eltern – es muß schon einiges passieren, ehe sie ihre Jungen im Stich lassen. Selbst gegen größere Feinde verteidigen sie ihre Brut tapfer, und ihre Jungen aufzugeben, so etwas würde ihnen nie in den Sinn kommen. Nie? – Nun, es gibt einen Papagei, der das hin und wieder macht. Es ist der so bekannte kleine Wellensittich *(Melopsittacus undulatus)*, ein niedlicher Kerl, dem man so etwas herzloses nun doch wirklich nicht zutraut.

Wie brüten Papageien?

Wenn die Brutbedingungen wieder schlechter werden, sammeln sich die einzelnen Brutpaare der Wellensittiche (*Melopsittaca undulatus*) wieder zu großen Schwärmen und ziehen davon.

Seite 152: Ein Wellensittichmännchen füttert sein brütendes Weibchen.

nieder, und alle Paare beginnen sofort mit der Brut. Aber so wie der Schwarm gekommen ist, bricht er eines Tages auch wieder auf.

Das kündigt sich schon einige Tage vorher an. Stundenweise steigen alle flugfähigen Sittiche auf, und der ganze Schwarm kreist über dem Brutplatz. Offenbar benötigen dies die Wellensittiche als Stimulation, denn Tag für Tag wagen sie sich etwas höher. Trotzdem kehren sie immer wieder zu dem Brutplatz zurück, und die Paare versorgen auch die Jungen, die bis jetzt noch nicht selbständig sind oder die noch flugunfähig in den Nisthöhlen um Futter betteln.

Doch eines Tages ist es soweit. Der gesamte Schwarm erhebt sich in die Luft, kreist noch ein letztes Mal über dem Brutplatz und verschwindet zielstrebig in eine bestimmte Richtung.

Einige Vögel bleiben zurück. Es sind die alten und flugbehinderten Tiere, aber auch immer wieder eine Anzahl unselbständiger Nestlinge. Verlassen von ihren Eltern warten sie auf den Tod. Oft treibt sie der Hunger aus den Nestern, und sie stürzen auf den Boden. Aber in der Natur kommt für diese armen Geschöpfe das Ende rasch. Es erscheint in Gestalt von Greifvögeln, Eulen, Schlangen oder anderen Reptilien. – Gelegentlich hat ein Nestling auch Glück, dann nämlich, wenn ein zufällig vorbeikommender Australier ihn mitnimmt und zu Hause aufpäppelt.

Wie schon an anderer Stelle berichtet wurde, hängt die Brut der Wellensittiche von den natürlichen Bedingungen ab. Trifft ein nomadisierend umherziehender Schwarm auf ein Gebiet, in dem es durch ausreichende Niederschläge für eine zeitlang genügend Nahrung gibt, läßt er sich

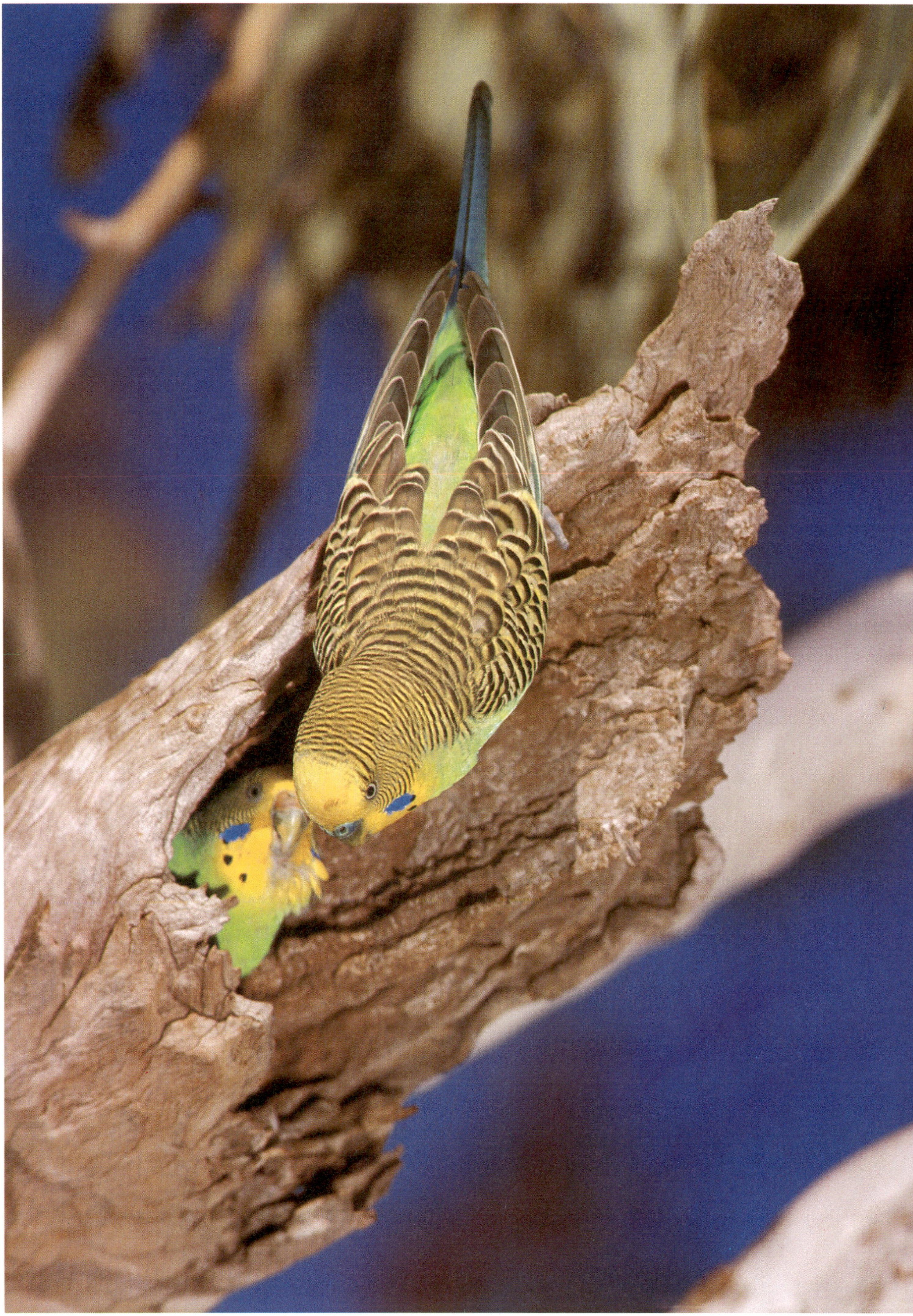

Warum sind Papageien bedroht?

Warum sind Papageien bedroht?

Das Zusammenleben innerhalb eines Schwarmes ist auch für die kleinen Blaugenick-Sperlingspapageien (*Forpus coelestis*) ein wirksamer Schutz vor Feinden.

Bild Seite 153: Ein makabres Bild – in einigen Ländern Asiens werden Edelpapageien (*Eclectus roratus*) und zusammengebundene Kakadufedern als Fächer verkauft.

Wie alle Tiere, so besitzen auch die Papageien Feinde. Dabei ist es nur logisch, daß die kleinen Papageien stärkeren Gefährdungen ausgesetzt sind als die großen und junge Tiere eher ums Leben kommen als alte.

Während eine Bedrohung durch Schlangen oder Säugetiere eigentlich nur die am Boden lebenden Familienvertreter und die Nestlinge trifft, muß sich jeder Papagei vor einigen anderen Vögeln in acht nehmen. Gemeint sind hier vor allem die verschiedenen Greifvögel, Eulen, Raben und in Süd- und Mittelamerika auch die Tukane. Letztere sind vor allem als Nesträuber bekannt. Mit ihren langen Schnäbeln können sie tief in den Nesthölen herumstochern und oft mühelos die Jungen oder das brütende Weibchen herausholen.

Warum sind Papageien bedroht?

Maronenstirnsittiche (*Rhynchopsitta p. terrisi*) können sich gut vor natürlichen Feinden schützen – nicht aber gegen die Gefahren, die vom Menschen ausgehen.

Ganz ungeschützt sind aber selbst Kleinpapageien den Räubern nicht ausgesetzt. Ihr wirksamster Schutz ist das Leben im Schwarm – ihre gefährlichste Waffe ist ihr lautes Geschrei. Die meisten Greifvögel geben tatsächlich eine Jagd auf, wenn ein Schwarm Papageien anfängt zu schimpfen und zu zetern. Falls ein Greifvogel dennoch angreift, besitzen die Papageien eine besondere Taktik: Sobald der Feind auf den Schwarm niederstößt, stieben alle Vögel auseinander. Der Angreifer faßt meist ins Leere, weil er zuvor keinen Einzelvogel innerhalb des Verbandes fixieren konnte.

Größere Papageien gehen mitunter sogar zum Angriff über. Von Maronenstirnsittichen *(Rhynchopsitta p. terrisi)* ist zum Beispiel bekannt, daß sie beim Nahen von Raubvögeln in lauten, herumwirbelnden Schwärmen in die Luft auffliegen. Das beeindruckt selbst große Greifvögel, und sie suchen dann schnell das Weite.

Aber kein natürlicher Feind kann den Papageien soviel Schaden zufügen, wie es der Mensch direkt und vor allem indirekt kann. Einige Zahlen sollen das verdeutlichen: Allein in Südamerika sind von den vorkommenden 128 Papageienarten 31 bedroht, also fast ein Viertel. In Australien sind es von 54 Arten dreizehn, davon wieder sind 6 so stark gefährdet, daß ein baldiges Aussterben befürchtet werden muß. Bis auf wenige Ausnahmen ist der Mensch daran schuld. Im folgenden soll dies anhand einiger Beispiele dokumentiert werden.

Die Vernichtung des Lebensraumes

Noch in den Jahren 1917 und 1918 kam es zu regelrechten Arasittichinvasionen von Mexiko in die USA. Das war nichts Besonderes, sondern es gehörte vielmehr zum normalen Zugverhalten des Arasittichs *(Rhynchopsitta p. pachyrhyncha)*. Der Grund, warum die Vögel nach Arizona kamen, waren die reifen Kiefernsamen, die der Nahrungsspezialist zum Leben brauchte.

Lange Jahre kümmerte sich niemand so recht um den Sittich. Man hatte zwar registriert, daß er schon seit Jahrzehnten nicht mehr im nordamerikanischen Subkontinent auftauchte, aber nach der Ursache fragte niemand. Erst Ende der 70er Jahre bemerkte man die zunehmenden Waldrodungen im Verbreitungsgebiet des Sittichs, das Fehlen jüngerer Brutberichte und die augenscheinliche Abnahme von Sichtmeldungen. Mit Besorgnis mußte man sich eingestehen, daß man eigentlich nicht viel über den Arasittich wußte.

Wissenschaftler und Vogelschützer zogen die Konsequenzen. Es wurde Geld bereitgestellt, damit ein Forschungsprojekt über den Arasittich durchgeführt werden konnte.

Das Ergebnis fiel nicht ganz so schlimm aus, wie man befürchtet hatte, es ist aber dennoch deprimierend. Die Arasittiche sind momentan noch nicht hoffnungslos gefährdet, sie sind aber auf Grund ihrer Anpassung an Kiefernwälder anfälliger als andere Papageienarten und im gesamten Bereich bedroht. Der enorme Populationsschwund ist durch die intensive holzwirtschaftliche Nutzung in nahezu allen Gebieten der Sierra Madre Occidental verursacht worden. Arasittiche brüten in Bäumen ab einem Durchmesser von 50 cm. Gerade diese Bäume wurden und werden aber abgeholzt. Nur die verrotteten Stümpfe erinnern im größten Teil des Verbreitungsgebietes daran, wie der Wald früher einmal gewesen ist.

Warum sind Papageien bedroht?

Die Kiefernwälder des mexikanischen Staates Durango sind der letzte Lebensraum des Arasittichs (*Rhynchopsitta p. pachyrhyncha*). Zur Brut benötigt er große abgestorbene Bäume – gerade diese aber werden für eine Papiermühle bevorzugt gefällt.

Immerhin brüten die Vögel aber auch in abgestorbenen Bäumen oder deren Reststämmen. Gerade diese werden jedoch für eine Papiermühle gefällt, eine zweite wurde in den letzten Jahren ausgerechnet in den letzten Rückzugsgebieten der Papageien eröffnet.

Trotz dieser schlechten Voraussetzungen wäre die Zukunft der Art leicht zu sichern, wie das Forscherteam herausfand. Pro Hektar Waldgebiet müßten nur fünf der großen abgestorbenen Bäume stehengelassen werden, und einige gesunde Bäume von geringem wirtschaftlichen Wert könnten als zukünftige Brutbäume dienen. In der Tat ist der Erhalt der Arasittiche nur eine Frage, wie einsichtig die mexikanische Forstbehörden sind.

1979 hatten die Wissenschaftler geforscht, 1980 war ihr Bericht veröffentlicht worden, und Gespräche mit mexikanischen Behörden hatten stattgefunden – 1983 verschlechterte sich die Lage der Arasittiche weiterhin. Selbst der gute Wille, und nur den braucht es hier, um der fortschreitenden Lebensraumzerstörung Einhalt zu gebieten, war von den wirtschaftlichen Interessen erdrückt worden. Die mexikanischen Holzfabriken und die Behörden nehmen wohl auch zukünftig keine Rücksichten auf die geringen Bedürfnisse des Arasittichs.

Warum sind Papageien bedroht?

Stolz tragen die Papua auf Neuguinea ihren Kopfschmuck aus Kakadufedern oder erlegte Gualoris (*Neopsittacus musschenbroekii*) und Harterts Gualoris (*Neopsittacus pullicauda*) zur Schau.

Die Papageienjagd

Papageien wurden schon von jeher gejagt. Hierfür gab es verschiedene Gründe: Für die Eingeborenen im pazifischen Raum oder in Südamerika waren und sind sie heute noch eine willkommene Bereicherung des Kochtopfes oder sie dienen hier als Schmuck; die Bauern in vielen Ländern bekämpfen sie als Schädlinge, die die Ernte vernichten, oder sie sind einfach das Opfer einer Schießlust, die auch heute noch in vielen lateinamerikanischen Ländern verbreitet ist.

Auch heute noch dienen auf Neuguinea Papageienfedern, die Oberschnäbel oder die aufgefädelten Füße als Kultgegenstände. Erlegte Loris und Bindensittiche *(Psittacella)* werden als

Warum sind Papageien bedroht?

In Südamerika werden vor allem die großen Aras gejagt. Dieser Hellrote Ara (*Ara macao*) spielt ironischerweise mit einer ausgefallenen Schwanzfeder, für die viele seiner Artgenossen schon ihr Leben lassen mußten.

Schmuck an einer Halskette getragen, und die Federn verschiedener Kakaduarten zieren den Kriegsschmuck der Eingeborenen.

In der Regel verkraften die jeweiligen Papageienbestände solche Nachstellungen durch die einheimische Bevölkerung, da sie sich normalerweise in Grenzen hält. Schlimmer sieht es schon aus, wenn den Vögeln unterstellt wird, sie seien Schädlinge. Oft wird dann unkontrolliert auf sie geschossen.

Als mahnendes Beispiel soll hier nur der Karolinasittich *(Conuropsis carolinensis)* angeführt werden. Er war der einzige in Nordamerika brütende Papagei. Da er aber gern in die Felder einfiel, war er bald bei den Farmern verhaßt. Sie schossen solange auf ihn, bis er um die Jahrhundertwende ausgestorben war. Dafür brauchten sie lediglich 20 bis 30 Jahre, denn der Sittich besaß ein Verhalten, das sich für ihn tödlich auswirkte: Schoß ein Farmer in einen der großen Schwärme von oft mehreren hundert Vögeln mit Schrotkugeln, so traf er gleich acht bis zehn Tiere, manchmal bis zu zwanzig auf einmal. Anstatt nun schleunigst das Weite zu suchen, flog der ganze Schwarm nur kurz auf und ließ sich dann wieder zu den toten oder verletzten Artgenossen herab, offenbar um ihnen zu helfen oder um sie zu beklagen. Dieses Schauspiel wiederholte sich nach jedem Schuß, und so konnte der Farmer mühelos einen ganzen Schwarm auf einmal abschießen.

Wie wenig aber Regierungen und Behörden aus diesem Beispiel gelernt haben, zeigt der Fall des Felsensittichs *(Cyanoliseus patagonus)*. Immer

Warum sind Papageien bedroht?

Nur noch selten findet man in Panama die großen Araarten, wie hier die Hellroten Aras (*Ara macao*) oder den Gelbbrustara (*Ara ararauna*).

noch werden in Argentinien Stimmen laut und Maßnahmen diskutiert, die Vögel zu dezimieren.

Ein besonders trauriges Beispiel, aus welchen unsinnigen Motiven Papageien auch heute noch ihr Leben lassen müssen, finden wir in Panama. Obwohl das Land relativ klein ist, sind hier immerhin fünf verschiedene Ara-Arten vertreten. Um diese geht es – oder genauer gesagt, um deren Federn.

Schon seit der spanischen Kolonisation gab es eine Vermischung zwischen den traditionellen Bräuchen und der christlichen Religion, die sich bis heute erhalten hat. So existieren in Panama noch immer die unterschiedlichsten religiösen Folkloregruppen, die an nahezu jedem Feiertag tanzend und geschmückt durch die Straßen ziehen. Was hat das mit den Aras zu tun? Die Frage ist schnell beantwortet. Der traditionelle Festschmuck dieser Folkloregruppen besteht aus einem Kopfschmuck – hergestellt aus 40 bis 80 Schwanzfedern der großen Ara-Vertreter.

Beliebt sind die Federn des Hellroten Aras *(Ara macao)*, benutzt werden aber auch die des Großen Soldatenaras *(Ara ambigua)* und des Gelbbrustaras *(Ara ararauna)*. So eine Haube hält gerade sieben bis zehn Jahre, die Nachfrage nach den Schwanzfedern ist also entsprechend groß, und der Preis für eine einzelne Feder ist mittlerweile auf 3,50 Dollar gestiegen.

Kein schlechtes Geschäft für einen panamesischen Jäger – immerhin besitzt ein Ara 12 Schwanzfedern. Für eine Haube müssen also zwischen fünf und sieben Vögel erlegt werden. Dabei langt der Bedarf von wenigstens 1000 Federn jährlich bald nicht mehr aus. Animiert durch den sich immer stärker entwickelnden Tourismus schießen fast täglich neue Folkloregruppen aus dem Boden – schließlich läßt sich das Geld so leicht verdienen.

Übrigens – Schwanzfederimitationen aus Plastik oder Papier, wie sie von den Vogelschützern angeboten wurden, lehnen auch die neugegründeten Gruppen strikt ab – das läßt sich mit ihrem

Ein Jäger kehrt „erfolgreich" von der Papageienjagd zurück.

Traditionsverständnis nicht vereinbaren. Und so bleibt es lediglich eine Frage der Zeit, bis der letzte panamesische Ara sein Leben für den Tourismus lassen wird. Erfreulich stimmt wenigstens, daß das Nachbarland Costa Rica auf der 5. Konferenz des Washingtoner Artenschutzübereinkommens 1985 in Buenos Aires den Hellroten Ara und den Großen Soldatenara zu den streng geschützten Arten erklären ließ.

Auch die panamesischen Vogelschützer versuchen neue Wege zu beschreiten, um die letzten Aras vielleicht doch noch zu erhalten. Sie sammeln die während der Mauser abgeworfenen Federn von in Gefangenschaft gehaltenen Aras, die sie dann den Folkloretänzern überlassen.

Warum sind Papageien bedroht?

Auf den Salomonen werden die dort beheimateten Salomonenkakadus (*Cacatua ducorpsi*) gelegentlich von den Einheimischen aus den Nestern geholt, um als zahme Hausgenossen aufgezogen zu werden.

Neben Tirikasittichen (*Brotogeris tirica*) werden von diesen jungen brasilianischen Vogelhändlern auch Goldstirnsittiche (*Aratinga aurea*) zum Kauf angeboten.

Der Fang für den Hausgebrauch

In vielen Ländern der Erde ist es üblich, daß sich die einheimische Bevölkerung zahme Papageien hält. So weiß man von den Indianern Perus und Brasiliens, daß die Brutbäume der Aras regelrecht ein Familienbesitz waren und vom Vater auf den Sohn vererbt wurden. Regelmäßig wurden Nestlinge aus den Bruthöhlen geholt und von den Frauen und Kindern des Stammes aufgezogen.

Das gleiche findet man auch auf vielen Inseln Indonesiens und der Salomonen, wo Kakadus und Loris als Haustiere gehalten werden. Aber im Gegensatz zu den südamerikanischen Praktiken

Warum sind Papageien bedroht?

Der Anblick dieses mit einem Hyazinthara (*Anodorhynchus hyacinthinus*) spielenden Indianerjungen hat mittlerweile einen faden Beigeschmack erhalten: Die Hyazintharas zählen heute zu den gefährdeten Papageienarten, die vom Aussterben bedroht sind.

holen sich die Einheimischen die Vögel selten gezielt aus den Nestern, sie werden auch kaum gejagt. Wenn aber beim Fällen eines Brutbaumes die Jungen zufällig entdeckt werden, nimmt man sie mit, um sie mit der Hand weiter aufzuziehen.

All dies hat den Bestand der Papageien nie gefährdet. Kritisch wurde es für einige Arten erst, als die frühen europäischen Siedler den Wunsch hegten, zahme Papageien zu halten oder weiterzuverkaufen. Wie sie das taten, kann man noch in vielen

Warum sind Papageien bedroht?

Die Rotschwanzamazone (*Amazona brasiliensis*) ist heute die gefährdetste aller brasilianischen Amazonenarten.

Berichten aus dem vorigen Jahrhundert nachlesen. Da wird zum Beispiel über die Prachtamazone (*Amazona pretrei*), heute einer der gefährdetsten und seltensten Papageien Brasiliens, mitgeteilt, daß sie als Zugvogel im März und April zu Hunderten oder manchmal bis zu tausend Individuen auftrat. In diese riesigen Schwärme schossen dann die „Papageienliebhaber" blind mit Schrotkugel in der Hoffnung hinein, einige der getroffenen Tiere nur leicht verwundet zu haben, so daß man sie eben als Haustier noch verwenden konnte. Leider findet man diese Art von Heimtierbeschaffung auch heute noch in Brasilien weit verbreitet. Und so wird immer noch von der einheimischen Bevölkerung in die wenigen Restbestände der Prachtamazone geschossen.

Ähnlich ergeht es der Rotschwanzamazone *(Amazona brasiliensis)*. Ihr Lebensraum ist heute auf Grund der fortschreitenden Umweltzerstörung auf ein winziges Gebiet an der Küste der brasilianischen Staaten Sao Paulo und Parana zusammengeschrumpft. Sie ist mit Sicherheit die gefährdetste Amazone des südamerikanischen Festlandes überhaupt. Trotzdem schießen gelegentlich Fischer „aus Spaß" einige Tiere ab, und noch immer findet man einzelne Exemplare in den Käfigen der Küstenbewohner. Dabei darf man der ansässigen Bevölkerung eigentlich noch nicht einmal vorwerfen, sie würde aus unsinnigem Eigennutz dazu beitragen, eine Art auszurotten. Die Menschen verhalten sich so, wie sich auch schon ihre Väter und Urgroßväter verhalten haben. Das Problem ist unter anderem auch, daß ihnen noch niemand gesagt hat, warum sie Vögel wie die Pracht- oder Rotschwanzamazonen nicht mehr fangen oder abschießen dürfen.

Warum sind Papageien bedroht?

Prachtamazone (*Amazona pretrei*).

Auch heute noch werden Tausende von Pfirsichköpfchen (*Agapornis p. fischeri*) aus Tansania eingeführt.

Der Handel

Mit Tieren wird schon seit Jahrhunderten gehandelt – das ist heute noch so und wird vermutlich in Zukunft so bleiben – und schon immer waren die Tierfänger, die Exporteure, die Importeure und die Zoohändler umstritten. Schließlich sind sie es, die nicht nur die Papageien ihrer Freiheit berauben, sie in Käfigen sammeln und in zu kleinen Kisten nach Europa, Nordamerika oder Japan schicken. Wenn ein Tier beim Fang oder beim Transport stirbt, sie sind daran schuld. – Wirklich nur sie? Was ist mit dem Käufer? Ist er nicht auch in einem großen Maße mitverantwortlich. Sicher, denn ohne ihn würde wohl kein Fänger der Welt auf die Idee kommen, einem Papagei oder irgendeinem anderen Tier nachzustellen.

Man sollte gar nicht erst versuchen, den Handel für alle Probleme des Tierschutzes verantwortlich zu machen. Ohne ihn könnte auch in zoologischen Gärten kaum die Artenvielfalt präsentiert werden, könnten wir und unsere Kinder keinen Eindruck von der Tierwelt erhalten und wohl auch kein vernünftiges Verhältnis zu der Natur und den heute damit verbundenen Problemen entwickeln.

Tatsache bleibt aber, daß einige Tierarten und Papageien in ihrem Bestand durch den Handel bedroht wurden und immer noch werden. Auch hier mögen einige Zahlen das Problem verdeutlichen. Vom Oktober 1979 bis zum Juni 1980, also in einem Zeitraum von nur neun Monaten, wurden nicht weniger als 201696 Papageien allein in die USA eingeführt. Rechnet man den europäischen und japanischen Markt hinzu, über die es keine exakten Angaben gibt, dann dürfte der jährliche „Bedarf" an Papageien weltweit bei ungefähr 600 000 Vögeln liegen.

Schaut man sich einige spezielle Arten in dieser Statistik aus den USA an, muß man sich fragen, wie manche Papageien diesen Fang eigentlich verkraften. So wurden in diesen neun Monaten allein 20 000 Pfirsichköpfchen (*Agapornis fischeri*) und Schwarzköpfchen (*Agapornis personata*) aus Tansania, 7600 Feuerflügelsittiche (*Brotogeris pyrrhopterus*) aus Peru, 7500 Venezuela-Amazonen (*Amazona amazonica*) aus Guyana und 16 000 Mönchssittiche (*Myiopsitta monachus*) aus Uruguay eingeführt. Zumindest die drei erstgenannten Arten besitzen ein sehr kleines Verbreitungsgebiet und sind deshalb in bezug auf Naturentnahmen anfälliger als andere.

Trotz dieser oft hohen Zahlen verkraften die meisten Papageien den Fang mehr oder weniger gut. Gelegentlich halten sich die Fänger aber auch dort auf, wo eine bestimmte Papageienart nur in einer kleinen Populationsgröße in einem begrenzten Gebiet vorkommt.

Dies geschah zum Beispiel im Fall des Rotohraras (*Ara rubrogenys*). Er besitzt mit 5000 qkm vielleicht das kleinste Verbreitungsgebiet aller Aras überhaupt. 1977 wurde sein Gesamtbestand auf

Warum sind Papageien bedroht?

Blick in das Sammellager eines bolivianischen Fängers: Neben den unterschiedlichsten südamerikanischen Papageien wurden allein bei diesem Händler 40 Rotohraras (*Ara rubrogenys*) gehortet, wobei es sich in erster Linie um Alttiere handelt, die für spätere Nachzuchten fehlen.

3000 Vögel geschätzt. Das Drama des Aras begann, als er 1977 für den Vogelhandel „entdeckt" wurde. Auch hierfür liegen nur Zahlen aus den USA als Beleg vor, sie müssen aber als Minimum verdoppelt werden, um den weltweiten Handel zu verdeutlichen.

1977 kamen 16, 1978 schon 82 und 1979 wurden 125 Rotohraras eingeführt. Für 1980 existieren nur Schätzungen von 160 Tieren, aber 1981 waren es bereits 210 Vögel. Insgesamt dürften weltweit in fünf Jahren etwa 1200 Rotohraras in den Handel gekommen sein. Das sind 40% der geschätzten Population. Nach 1981 liegen über den Fang noch keine Zahlen vor. 1983 wurde der Rotohrara endlich auf die Liste der stark gefährdeten Arten gesetzt, und er darf seitdem nicht mehr gehandelt werden. Bis zu diesem Zeitpunkt dürften aber zwischen 65% und 75% des gesam-

167

Warum sind Papageien bedroht?

ten Bestandes gefangen worden sein, es bleibt daher fraglich, ob der Rotohrara sich jemals wieder von diesem Aderlaß erholen wird.

Caninde-Ara (*Ara glaucogularis*).

Ein gleichartiger Fall liegt beim Caninde-Ara *(Ara glaucogularis)* vor. 160 Jahre war er nur von wenigen Museumsbälgen her bekannt, und bis heute kennt man sein vermutlich winziges Verbreitungsgebiet nicht – das ist nicht ganz richtig ausgedrückt, denn zumindest einige professionelle Fänger in Bolivien wissen, wo der seltene Ara lebt. Nur – sie verraten es nicht, schließlich wollen sie sich auch weiterhin die 2000 Dollar verdienen, die sie pro Vogel erhalten. Nur soviel konnte man von ihnen 1981 erfahren: Der Bestand an Caninde-Aras betrug zu diesem Zeitpunkt ungefähr 500 Tiere. Von diesen wurden im selben Jahr rund 60 Stück gefangen und nach Europa und in die USA verkauft. Ein gutes Geschäft auch für die hiesigen Händler, denn diese bekamen für einen Ara bis zu 15 000 DM.

Wieviel Caninde-Aras in den folgenden Jahren Bolivien verließen, ist nicht bekannt. Man kann aber davon ausgehen, daß es pro Jahr eher mehr als 1981 waren. Auch dieser Ara wird zwischenzeitlich durch Gesetze streng geschützt. Da man seinen Lebensraum heute aber immer noch nicht kennt, kann man über den Grad seiner tatsächlichen Gefährdung nur spekulieren.

Lears Ara *(Anodorhynchus leari)*.

Beispiele wie diese haben dazu geführt, daß sich manche Wissenschaftler schon nicht mehr trauen, die heutigen Verbreitungsgebiete der seltereren Arten preiszugeben. Geschehen ist dies zum Beispiel im Falle des Lears Ara *(Anodorhynchus leari),* dessen Verbreitungsgebiet bis vor wenigen Jahren noch vollkommen unbekannt war. Als der brasilianische Ornithologe Helmut Sick ihn endlich nach mehreren Jahren des Suchens 1978 in Ost-Brasilien entdeckte, war dies eine Sensation. Erstmals konnten diese großen Aras auch in freier Natur beobachtet werden, wo sie in Schwärmen bis zu 21 Vögeln zu ihren Schlaf- und Nisthöhlen flogen, die sich in den unerreichbaren Felshöhlen der canyonartig eingeschnittenen Trockenflußtäler befanden, wie der Ornithologe später berichtete.

Der Anblick dieser freifliegenden Lears Ara (*Anodorhynchus leari*) läßt das Herz eines jeden Papageienfreundes höher schlagen. Aber das friedliche Bild täuscht. Der Bestand beträgt zur Zeit wohl nicht mehr als 200 Tiere.

Da die wenigen Lears Aras, die sich in Gefangenschaft befinden, einen enorm hohen Verkaufspreis haben, wäre der Ara natürlich ein ideales „Handelsobjekt" für die brasilianischen Vogelfänger. Aus diesem Grund entschloß sich der Wissenschaftler, den genauen Fundort zum Schutz der Lears Aras geheimzuhalten.

Ein anderes Drama in Zusammenhang mit dem Vogelhandel spielt sich momentan in Indonesien ab. Hier sind in erster Linie die einheimischen Kakadus betroffen. Ihr Problem ist gleich doppelter Natur: Zum einen sind es fast immer endemische Formen, d.h. sie kommen nur auf wenigen kleinen Inseln vor, wo sie der fortschreitenden

Warum sind Papageien bedroht?

Lebensraumzerstörung nicht ausweichen können, und zum anderen wird ihr Bestand noch durch einen enormen Fang für den internationalen Vogelhandel ständig reduziert.

Dabei haben ausgedehnte Waldrodungen oft erst den Vogelfang ermöglicht. Die Fänger kommen jetzt auch in Gebiete, die sie vorher nie hätten erreichen können. Begonnen hat dies Anfang der 70er Jahre, als Indonesien mit dem Ausverkauf seiner Natur begann. Allein auf den Molukken sind heute schon für 90% des Regenwaldes die Konzessionen für die Holzverwertung vergeben, und 17 Gesellschaften roden bereits an 22 Stellen der Inselgruppe.

Momentan versucht der WWF (World Wildlife Fund), eine Naturschutzorganisation, wenigstens die Bildung von Reservaten auf den größten Inseln zu finanzieren; aber man muß sich wohl heute schon fragen, welche Tiere eigentlich später diese Waldinseln bewohnen sollen. Allein unter den Papageien werden jährlich große Mengen der Molukken-Kakadus (*Cacatua moluccensis*), die nur auf Ceram, Saparua und Haruku vorkommen, exportiert, ebenso von den Weißhaubenkakadus *(Cacatua alba)* von den Zentral-Molukken, den Goffins Kakadus (*Cacatua goffini*) von den Tanimbar-Inseln und den Gelbwangenkakadus (Cacatua sulphurea), so daß es wohl nur noch eine Frage der Zeit ist, wann die letzte Insel geplündert wird.

Eine Unterart des Gelbwangenkakadus, der Orangehaubenkakadu *(Cacatua s. citrinocristata)* von

Orangehaubenkakadu (*Cacatua s. citrinocristata*).

der Insel Sumba, ist besonders durch den Handel gefährdet. Da er durch seine leuchtend orangefarbene Federhaube besonders attraktiv aussieht, ist die Nachfrage nach ihm in Europa und den USA besonders groß. Deshalb ist sein Bestand auf Sumba schon bedrohlich zurückgegangen. Trotzdem werden die Vögel immer noch gefangen. Die indonesischen Behörden, die für den Export zuständig sind, scheinen offenbar nicht in der Lage zu sein, die eigene Fauna und den Handel mit ihr zu kontrollieren.

Molukken-Kakadu (*Cacatua moluccensis*).

Seite 171: Puerto Rico-Amazone (*Amazona vittata*).

Rettung in letzter Minute?

Der Kakapo (*Strigops habroptilus*) ist heute extrem gefährdet

Der Kakapo

Weltweit ist heute eine Vielzahl der Papageien mehr oder weniger stark gefährdet. Manchmal weiß man es noch gar nicht, da zu wenig über die Vögel bekannt ist, und oft wird es zu spät erkannt, und man kann ein Aussterben nicht mehr verhindern. Wenn aber die Möglichkeit besteht, eine Art zu retten, dann wird es in der Regel auch versucht.

Einige der zur Zeit wichtigsten Projekte für die Rettung einer Papageienart sollen hier vorgestellt werden. Sie befinden sich in den unterschiedlichsten Stadien. Einige geben Anlaß zur Hoffnung, die Ergebnisse anderer sind depremierend, alle zeugen aber davon, wie rücksichtslos und leichtsinnig der Mensch mit der Natur umgeht, und wie schwierig oder gar unmöglich es ist, solche Fehler wieder zu korrigieren.

Eigentlich ist der Eulenpapagei *(Strigops habroptilus)*, wie der Kakapo auch genannt wird, der größte aller lebenden Papageien, denn ein ausgewachsenes Kakapo-Männchen wiegt immerhin bis zu 3,4 kg, ein Gewicht, das nicht einmal der Hyazinthara *(Anodorhynchus hyacinthinus)* auf die Waage bringt. So wundert es nicht, daß der flugunfähige Papagei schon seit dem ersten Erscheinen der Polynesier im 14. Jahrhundert in Neuseeland gejagt wurde.

An den Rand des Aussterbens brachten ihn aber erst die europäischen Einwanderer im 19. Jahrhundert. Sie schossen ihn als Sonntagsbraten oder Hundefutter und verwendeten seine weichen Federn als Füllung für die Bettdecken. Die schlimmste Gefährdung stellten für ihn jedoch die eingeschleppten Tiere dar. Füchse, Wiesel und Frettchen, ursprünglich eingesetzt gegen die selbstverschuldete Kaninchenplage, stürzten sich viel lieber auf die Gelege, Jungtiere oder Altvögel der Eulenpapageien, denen jeglicher Abwehrreflex fehlte, als den flinken Kaninchen nachzujagen.

Zusätzlich weideten die von den Europäern mitgebrachten Hirsche und Gemsen die wichtigsten Nahrungspflanzen der Papageien ab.

Endlich wachten 1952 die neuseeländischen Naturschutzbehörden auf. Die ersten Schritte zur Rettung des Kakapos wurden eingeleitet. Man begann den mittlerweile so gut wie verschwundenen Vogel zu suchen. Zwischen 1958 und 1974 wurden über 60 Expeditionen in die Gebiete der beiden Hauptinseln Neuseelands gesandt, in denen man noch die letzten Überlebenden vermutete. Hierbei konnte man Anfang der 70er Jahre gerade noch 18 Exemplare feststellen, die zudem noch weit verstreut waren. Vorsichtshalber wurden deshalb 1974/75 drei dieser Tiere auf die Insel Maud übersiedelt, da diese frei von eingeschleppten Feinden war.

Es gelang auch, den einzigartigen Balzruf der Kakapo-Männchen aufzunehmen, der zwar nicht laut ist, bei gutem Wetter aber bis zu 5 km weit gehört werden kann. Mit Hilfe dieser Aufnahmen konnte man jetzt leichter feststellen, wie hoch der Bestand noch war, da die Tiere beim Abspielen antworteten.

1976 fand man im Gebiet des Fjordland Nationalparks noch ganze dreizehn Kakapos, 1982 waren vermutlich nur noch 6 davon am Leben. Das Dilemma von Anfang an aber war, daß es offenbar keine Weibchen mehr gab. Dasselbe hatte man von 1960 bis 1967 schon erlebt, als man versuchte, die Papageien in Gefangenschaft zu züchten. Zu diesem Zweck hatte man fünf Vögel gefangen, wovon jedoch vier bereits im ersten Jahr starben, und der fünfte nach viereinhalb Jahren einging. Die Obduktionen ergaben, daß der Versuch sowieso erfolglos gewesen wäre, da alle fünf Tiere Männchen gewesen waren.

Das Zeltlager einer Suchexpedition in den Bergen Neuseelands.

Aber die Suche in anderen Gebieten Neuseelands wurde weitergeführt, und endlich entdeckte man im Januar 1977 auf der vorgelagerten Stewart-Insel noch eine Population von immerhin 200 Vögeln. Schnell stellte man fest, daß diesmal auch Weibchen vorhanden waren, wenn auch nur halb soviele wie Männchen. Aber auch hier verringerte sich der Bestand drastisch. Eine Zählung im Jahre 1982 ergab nur noch eine Anzahl von insgesamt 50 Tieren, weshalb etliche Vögel auf die Insel Little Barrier gebracht wurden. Erfreulicherweise wurden im selben Jahr aber auch auf Stewart zwei Nester entdeckt, die ersten in diesem Jahrhundert. Das eine enthielt zwei, das andere ein Junges.

Die Zukunft der letzten Kakapos ist aber noch lange nicht gesichert. Auf der Stewart-Insel gibt es

Heute versucht man die Kakapos (*Strigops habroptilus*) auf vorgelagerten Inseln anzusiedeln, da sie in ihrem ursprünglichen Lebensraum, den hochgelegenen Tälern Neuseelands, auf Dauer keine Überlebenschance mehr haben.

immer noch eine unbestimmte Anzahl verwilderter Katzen. Obwohl die Kakapos heute rund um die Uhr bewacht werden, töteten sie 1983 zwei Vögel. Andererseits gelang es, 35 Katzen zu fangen und etliche zu vergiften.

Mittlerweile wurden die Kakapos auf der Insel Maud, da diese Insel auch nicht frei von wildernden Säugetieren ist, ebenfalls nach Little Barrier gebracht, wo sich schon zusammen mit anderen Restbeständen 1982 insgesamt 22 Eulenpapageien befanden, darunter 9 Weibchen. Offenbar haben sich diese Vögel schon gut in ihre neue Umgebung eingelebt. Zwar konnten die Naturschützer noch keine Bruterfolge melden, doch sichteten sie im März 1986 immerhin schon 15 Balzpfade und -plätze, ebenso konnte der typische Balzruf vernommen werden. Alles zusammen sichere Anzeichen einer aufkommenden Brutstimmung, die hoffen läßt, daß sich auch bald Nachwuchs einstellt.

Die neuseeländischen Naturschutzbehörden versuchen jetzt, die kleine Insel Codfish für die Kakapos herzurichten. Zur Zeit ist man gerade dabei, die dort eingeschleppten Kleinsäuger auszurotten. Bis dieses Programm durchgeführt ist, müssen die restlichen Kakapos durchhalten – man kann nur hoffen, daß ihnen dies gelingt.

Rettung in letzter Minute

Eines der letzten Exemplare der Puerto Rico-Amazone (*Amazona vittata*), die zur Zeit ohne den Schutz und die Hilfe des Menschen nicht im Freiland überleben könnte.

Die Puerto Rico-Amazone

Ursprünglich existierte die Puerto Rico-Amazone (*Amazona vittata*) in zwei Unterarten. Neben der heute noch auf Puerto Rico vorkommenden Form gab es diese Amazone noch in einer kleineren Ausgabe auf der benachbarten Insel Culebra. 1899 scheint die Culebra-Amazone (*Amazona v. gracilipes*) noch recht häufig auf der nur 28 qkm großen Insel vorgekommen zu sein – dreizehn Jahre später war sie schon ausgestorben. Warum weiß heute niemand mehr.

Warum aber ihre große Schwester, die Puerto Rico-Amazone, die seltenste und gefährdetste aller noch existierenden Amazonen-Arten, vielleicht aussterben wird, das ist heute hinreichend erforscht.

Angefangen hat alles, als man die großen Wälder Puerto Ricos als Holzlieferant entdeckte. Bereits 1835 war ein Drittel der Wälder und damit des Lebensraums der Amazone vernichtet. Trotzdem muß sie noch zahlreich gewesen sein, denn aus dieser Zeit liegen Berichte über große Schwärme vor. Noch 1865 wird sie als ein häufig anzutreffender Vogel bezeichnet, obwohl die Bevölkerung und die Waldzerstörung ständig zugenommen hatten. Um es kurz zu machen: 1912 war nur noch ein Prozent der ursprünglichen Waldvegetation vorhanden, und die Puerto Rico-Amazone existierte lediglich noch in dem Luquillo-Bergwald im nordöstlichen Teil der Insel.

Selbst jetzt kümmerte man sich noch nicht um die Amazone. Erst 1953 wurde ein Projekt gestartet, in dem die Ursachen für den immer stärker sinkenden Bestand geklärt werden sollten. Eine Zählung erbrachte, daß lediglich noch 200 Vögel existierten. Ein Jahr später lokalisierte man 16 Brutpaare mit insgesamt 33 Eiern, von denen aber 8 unbefruchtet waren, 6 von Ratten und 2 von Spottdrosseln *(Margarops fuscatus)* zerstört wurden. Insgesamt schlüpften nur 17 Junge, von denen 14 auch groß wurden. Die Nachzucht konnte bei einem Bestand von 200 Tieren nur als sehr dürftig bezeichnet werden.

Ab 1963 ging es dramatisch bergab mit den Papageien. In diesem Jahr zählte man noch zwischen 130 und 200 Tiere, im Dezember 1966 nur noch 70 und im November 1968 noch ganze 24 Exemplare. Was war geschehen? Im nachhinein stellte man fest, daß eine Kombination mehrerer ungünstiger Faktoren den Rückgang verursacht hatte. So hatten die Amerikaner im Zusammenhang mit dem Vietnam-Krieg verstärkt auch in der Umgebung der letzten Amazonen militärische Übungen durchgeführt, in Teilen der Waldgebiete wurden Entlaubungsmittel für militärische Zwecke getestet und schließlich wurden im Gebiet der Amazonen Straßenbaumaßnahmen durchgeführt. Zusätzlich lagen Beobachtungen vor, nach denen einige Amazonen von Einheimischen einfach abgeschossen worden waren.

Die neuen Untersuchungen im Jahre 1968 erbrachten noch eine weitere Erkenntnis: Den Papageien mangelte es an geeigneten Nistgelegenheiten. Die ehemaligen Brutbäume in dem nur noch 400 ha großen Vorkommen waren entweder von Nesträubern gefällt worden, die an die mittlerweile sehr wertvollen Jungtiere herankommen wollten, von Hurricans zerstört oder sie waren einfach den „Säuberungsaktionen" der Forstbehörde zum Opfer gefallen, die die wertlosen abgestorbenen Bäume entfernen ließ.

Ein anderes Problem kam noch hinzu: Um die wenigen, noch geeigneten Nisthöhlen kämpften die brutlustigen Paare erbittert. 1974 konnte so ein Kampf beobachtet werden. Er endete für je einen Vogel beider Paare tödlich. Also begann man künstliche Bruthöhlen aufzuhängen und die noch intakten oder beschädigten Naturhöhlen mit Aluminiumverstärkungen und Fieberglas zu „renovieren".

Zu diesem Zeitpunkt (1974/1975) erreichte der Bestand mit 14 Tieren seinen absoluten Tiefpunkt. Und dabei hatte man ein Problem noch nicht gelöst: die Spottdrossel. Dieser aggressive Vogel machte den Amazonen nicht nur die Bruthöhlen streitig, sondern er tötete auch die vorhandenen Jungtiere.

Schließlich fand man auch hierfür eine Lösung. Man stellte fest, daß die Papageien tiefere Höhlen bevorzugen als die Drosseln – also stellte man solche zur Verfügung.

Seit dieser Zeit steigt der Bestand der Puerto Rico-Amazone langsam, aber stetig an. Die Zahl von 30 haben die Papageien jedoch noch nicht überschritten.

Das hat mehrere Gründe. Die Amazonen haben verschiedene Feinde. Hierzu zählen vor allem der Breitflügel- *(Buteo platypterus)* und der Rotschwanzfalke *(Buteo jamaicensis)*, die beide eine Gefahr für Alttiere, besonders aber für die jungen Tiere sein können. Während andere Amazonen große Schwärme bilden, die ein sicherer Schutz gegen Greifvögel darstellen, ist dies der Puerto Rico-Amazone noch nicht möglich.

Viele Jungvögel leiden auch unter den Maden der Singfliege, die sich in das Fleisch bohren. Von den 44 Nestlingen, die von den freilebenden Amazonen aufgezogen wurden, waren 11 von ihnen befallen, 4 so stark, daß sie ohne Behandlung eingegangen wären.

Neben der Überwachung der freilebenden Population startete man ein Gefangenschaftszuchtprojekt. Nachdem ein Zuchtversuch in den USA fehlgeschlagen war, baute man 1973 eine Zuchtstation auf Puerto Rico. Zu diesem Zweck wurden Eier oder Jungtiere von brütenden Paaren entnommen, so daß der Gefangenschaftsbestand 1980 genau 14 Vögel umfaßte. Sieben dieser Tiere waren aber deswegen von den Eltern entfernt worden, weil sie bei diesen nicht überlebt

Rettung in letzter Minute

Hier bringt der Ornithologe Noel Snyder gerade eine Nisthöhle für die Puerto Rico-Amazone an.

hätten. 1978 begannen die Gefangenschaftsvögel erstmals befruchtete Eier zu legen, die den Wildvögeln untergeschoben werden konnten.

Parallel zu diesem Projekt hielt man einen Schwarm der nahe verwandten aber häufigen Blaukronen-Amazone *(Amazone ventralis)*, die auf der Nachbarinsel Hispaniola beheimatet ist. Diese Amazone brütet zur selben Zeit wie die Puerto Rico-Amazone. Es war deshalb möglich, die Jungen der Puerto Rico-Amazonen auch von den Blaukronen-Amazonen aufziehen zu lassen oder ihnen Eier unterzulegen. Gerade letzteres ist eine wirksame Methode, den Bestand der Puerto

177

Rico-Amazone zukünftig zu vergrößern. Nimmt man nämlich einem Brutpaar die Eier weg, so macht es normalerweise ein Nachgelege. Während also die Blaukronen-Amazonen die Jungen des ersten Geleges aufziehen, brüten die Puerto Rico-Amazonen ein zweites Mal. Die Anzahl der Jungen pro Jahr kann dadurch verdoppelt werden.

Auf San Domingo ist die Blaukronen-Amazone noch recht häufig.

Blaukronen-Amazone (*Amazona ventralis*).

Mittlerweile ist man auch dazu übergegangen, die Eier der freilebenden Amazonen im Brutapparat auszubrüten und ihnen solange Kunsteier unterzulegen. So können die Gelege wenigstens nicht von den Nesträubern zerstört werden. Ein Problem bleibt aber auch für die Zukunft: Bislang überlebte ein Drittel der ausgeflogenen Jungtiere das erste Jahr nicht, und bis die anderen selbst einmal Junge aufziehen können, vergehen weitere drei bis vier Jahre voller Gefährdungen.

Eines der letzten Echosittich-Weibchen *(Psittacula echo)* auf Mauritius frißt hier gerade Blätter eines Laubbaumes.

Der Echosittich

Wenn man nicht genau hinsehen würde, könnte man den kleinen Echosittich *(Psittacula echo)* von der Insel Mauritius leicht mit dem nahe verwandten Halsbandsittich *(Psittacula krameri)* verwechseln, der über weite Teile Asiens und Afrikas verbreitet ist und zu den häufigsten Papageien überhaupt zählt. Letzteres kann man vom Echosittich nun wirklich nicht behaupten. Er dürfte zur Zeit wohl der Papagei mit der geringsten Bestandsgröße sein. Eine Zählung im Jahre 1984 ergab gerade noch 8 Vögel!

Wie war es dazu gekommen? Als Anfang des 16. Jahrhunderts die ersten Europäer Mauritius besiedelten, waren weite Teile der Insel mit Urwäldern bedeckt, die auch den Lebensraum des Echosittichs darstellten. Sofort begannen intensive Rodungen, und es wurden Zuckerrohrplantagen angelegt. Die Auswirkungen auf die heimische Flora und Fauna waren katastrophal. Innerhalb kürzester Zeit starben etliche Pflanzen- und Tierarten aus, eine Vielzahl ist bis heute noch gefährdet.

Dies machte natürlich auch den Echosittichen zu schaffen, obwohl ihnen andere Bedrohungen, wie der Abschuß oder der Fang, erspart blieben. Dafür bekamen sie im Laufe der Jahre zusätzliche Probleme. Die von den Europäern mitgebrachten Pflanzen- und Tierarten führten zu einer enormen Verfälschung der Flora und Fauna. Die Echosittiche wurden immer mehr in kleine Rückzugsgebiete abgedrängt, in denen sie zusätzlich noch gegen die Konkurrenz anderer Vogelarten zu kämpfen und sich gegen ungewohnte Feinde zu behaupten hatten. Bereits im letzten Jahrhundert fand man die einst über die gesamte Insel verbreiteten Papageien nur noch im Südwestteil der Insel.

Rettung in letzter Minute

Der Halsbandsittich (*Psittacula krameri*) wurde auf Mauritius eingeschleppt und verdrängt heute den Echosittich immer mehr.

Seite 181: Ein Pärchen der Echosittiche beim Fressen. Das Männchen ist deutlich an seinem roten Oberschnabel zu erkennen.

Nachdem der Halsbandsittich (*Psittacula krameri*) auch noch auf Mauritius eingebürgert worden war, hatte der Echosittich keine Chance mehr. Der Halsbandsittich brauchte nur eine kurze Zeit der Eingewöhnung, denn eine seiner hervorstechenden Eigenschaften ist, daß er sich im Gegensatz zu vielen anderen Papageien schnell den Gegebenheiten anpaßt. Heute ist er auf

Mauritius schon häufig und weit verbreitet. Er nahm und nimmt den Echosittichen den Lebensraum fort und hat sie heute auf ein nur 30 qkm kleines Gebiet abgedrängt.

Ein schwerer Schicksalsschlag traf die Echosittiche im Jahre 1975. Zwar suchen regelmäßig Wirbelstürme die Insel auf, doch in diesem Jahr wirkten sie sich besonders verheerend aus. Ein großer Teil der Brutbäume wurde zerstört oder zumindest so stark beschädigt, daß sie keine Sicherheit mehr vor Nesträubern boten. Was aber noch schlimmer war: Von der zuvor geschätzten Population von 40 bis 50 Tieren überlebte ein großer Teil nicht.

Die Forstbehörden begannen daraufhin zusätzliche Nistgelegenheiten anzubringen. Bei den Kontrollen der Nistkästen mußte man aber feststellen, daß sie von Ratten, Hirtenstaren oder anderen Kleintieren besetzt waren. Bedingt durch das Vordringen weiterer Nestkonkurrenten, der Hirtenmainas *(Acridotheres tristis)*, und durch plündernde Affen nahmen die Brutaktivitäten immer weiter ab und erlagen schließlich sogar im Jahre 1978.

Die Auswirkungen der Natureingriffe durch den Menschen hatten die Echosittiche auch in den entlegensten Tälern von Mauritius noch eingeholt. Wie ein vom WWB-Fond (Naturschutzfond des Vogelparks Walsrode) 1983 auf die Insel gesandter Ornithologe feststellte, dürfte hier auf Dauer kein Fortbestand der Sittiche mehr möglich sein, da sie vermutlich auch in Zukunft in der Wildnis nicht mehr erfolgreich brüten werden.

Mit Genehmigung der Regierung von Mauritius wurde noch Ende 1983 versucht, die letzten Echosittiche einzufangen, um sie in Gefangenschaft weiter zu vermehren. Bislang schlugen aber alle Versuche fehl; der kleine Schwarm hält relativ eng zusammen, aber in die Netze der Vogelschützer ist er bislang noch nicht gegangen.

Ein Pärchen Großer Felsensittiche (*Cyanoliseus p. byroni*) vor seinem Nesteingang in einer schwer zugänglichen Felswand.

Die Rettung wäre einfach

In den Küstengebieten Zentral-Chiles lebt der Große Felsensittich *(Cyanoliseus p. byroni)*, eine Unterart des Felsensittichs *(Cyanoliseus patagonus)*. Ursprünglich war dieser Papagei sehr häufig. Noch in der Mitte des vorigen Jahrhunderts trat er in so großen Schwärmen auf, daß er als einer der gewöhnlichsten Vögel Chiles galt. Selbst 1929 traf man ihn nahe Los Andes noch in großen Mengen – dreißig Jahre später war er hier aber bereits verschwunden.

Tatsächlich scheint der drastische Rückgang jedoch schon um die Jahrhundertwende begonnen zu haben. Vielen ortsansässigen Vogelkundlern und allen Forschungsexpeditionen fiel auf, daß der größte Teil der Brutkolonien verwaist war oder nur noch wenigen Sittichen als Nistplatz diente. Im Jahre 1933 galt es schließlich schon als Sensation, als in den Cordilleras del Estero Peuco in Zentral-Chile eine gesunde Population von 300 Sittichen entdeckt wurde. Spätestens jetzt war es offensichtlich, daß der Große Felsensittich zu den vom Aussterben bedrohten Arten gezählt werden mußte.

Im Gegensatz zu anderen gefährdeten Arten waren die Gründe für den Rückgang der Bestände bekannt: Die Altvögel wurden als Schädlinge von den örtlichen Plantagenbesitzern abgeschossen, und die Jungtiere galten als Delikatesse und wurden deswegen aus den Nestern geholt.

Dabei ist letzteres gar nicht so einfach! Die Großen Felsensittiche brüten in den Höhlen steiler Felswände, die eigentlich einen sicheren Schutz vor Feinden darstellen. Aber was nützt dies gegen die

Raubgier und den Einfallsreichtum des Menschen?

Alljährlich zogen die Jäger, ausgerüstet mit Leitern, Seilen und langen Haken, zu den Brutplätzen, ließen sich zu den Nisthöhlen hinunter und plünderten die Nester mit den Jungtieren. Diese landeten als Festbraten am „Tag des Heiligen Andreas" auf dem Mittagstisch. Dieser Brauch war nicht ohne Ironie, den kaum einem der Nestplünderer dürfte es in den Sinn gekommen sein, daß er ein Martyrium, für das man den Heiligen Andreas verehrte, nun einer Vogelart bescherte. Jeder Sittich, der zum Essen zu klein war, wurde als Käfigvogel aufgezogen.

Während sich in anderen Ländern Südamerikas die Auswirkungen solcher „Traditionen" in Grenzen hielten, wirkten sie sich in Chile für den Großen Felsensittich verheerend aus. Gelegentlich wurde zwar angezweifelt, daß die ständige Entnahme von Jungvögeln der einzige Grund für den enormen Rückgang war, doch hatten dies chilenische Ornithologen bereits 1940 festgestellt. In diesem Jahr war nämlich auf dem Gebiet einer Farm der ehemals große Felsensittichbestand auf gerade noch sechs Brutpaare zurückgegangen. Nachdem man mit dem Besitzer gesprochen hatte, erklärte sich dieser bereit, keine Jungtiere mehr aus den Nestern zu nehmen und auch keine Altvögel mehr zu jagen. Wie segensreich sich diese Zusage auf den Bestand der Papageien auswirkte, zeigte eine Zählung im Jahre 1952: Aus den ehemals zwölf „Überlebenden" war wieder eine gesunde Population von 500 Tieren geworden.

Aber solch einsichtige Schutzaktionen blieben die Ausnahme und waren oft auch nur von kurzer Dauer. Zwar wurden die Sittiche schon früh staatlicherseits geschützt, und ihr Fang oder Abschuß war verboten, doch wer kümmerte sich schon um Gesetze, deren Verstöße niemand ahndete oder die überhaupt nicht bekannt waren?

Im Jahre 1982 konnte sich die chilenische Forstbehörde, die auch für den Naturschutz zuständig ist, dazu durchringen, die letzten Felsensittiche in der Provinz Colchagua erforschen zu lassen. Das Ergebnis fiel schlimmer aus, als man befürchtet hatte. Es wurden lediglich noch 852 Vögel gezählt. Dieser Bestand verteilte sich auf zwei Haupt- und drei Nebenkolonien, die sich alle in einem Gebiet von nur drei Quadratkilometer Größe befanden.

Auch heute noch werden gelegentlich die jungen Großen Felsensittiche aus den Nestern genommen. Jungtiere besitzen noch einen weißlichen Schnabel, der erst im Alter von einem Jahr vollständig schwarz ist.

Die Behörde reagierte sofort. Es wurde ein Drei-Jahres-Plan entworfen, der das Aussterben des Großen Felsensittichs verhindern sollte. Sein Ziel war, die verbliebenen Vögel in Nationalparks und Reservate umzusiedeln, wo sie vor Zugriffen geschützt waren.

Zuerst einmal aber wurden die verbliebenen Nestkolonien bewacht, alte Kolonien wieder hergerichtet, der Tierhandel kontrolliert und illegal gehaltene Sittiche beschlagnahmt. Die Bevölkerung wurde durch Zeitungsberichte und Radiosendungen über die Bedrohung der Sittiche aufgeklärt. Naturschützer hielten Vorträge in jenen Schulen, die in der Nähe von Nistkolonien lagen, und sprachen mit den örtlichen Behörden und Regionalverwaltungen.

Rettung in letzter Minute

Deutlich ist in dieser Steilwand die Vielzahl von nebeneinanderliegenden Nisthöhleneingängen zu erkennen. Die Höhlen sind im Innern miteinander verbunden.

1984 war für die Tierschützer ein erfreuliches Jahr. Im Süden Chiles wurden weitere, bislang unbekannte Bestände des Großen Felsensittichs entdeckt. So vergrößerte sich die Zahl der Papageien schlagartig auf 3265 Tiere. Aber auch sonst konnte man Erfolge verzeichnen. Allein in der Brutsaison 1984/85 bewachten 19 Personen neun der insgesamt jetzt zwölf Brutkolonien; einer der wiederhergestellten Nistplätze wurde von den Vögeln angenommen, drei Sittiche wurden beschlagnahmt und 53 Behördenvertreter bewirkten Bußverfahren gegen den illegalen Handel mit den Großen Felsensittichen. Wie wirkungsvoll diese Maßnahmen sind, läßt sich auch schon in Zahlen ausdrücken: Durch den Einsatz von Wildhütern während der Brutzeit erreichte man einen Bestandszuwachs von 20% bis 50% pro Brutkolonie!

Chiles Naturschutzbehörden haben sich vorgenommen, den Bestand des Großen Felsensittichs auch weiterhin zu sichern, leider fehlt es ihnen hierzu aber, wie so oft, an den notwendigen Geldern. Dabei kostete es umgerechnet nur 300 DM, um eine Kolonie während der Brutzeit bewachen zu lassen. So ist denn die chilenische Forstbehörde auf Spenden angewiesen. Es bleibt zu hoffen, daß diese auch in Zukunft reichlich fließen werden.

Der Goldbauchsittich, eine Zukunft im Ungewissen

In Australien zählt der Goldbauchsittich *(Neophema chrysogaster)* zu den vom Aussterben bedrohten Arten. Zwar war dieser kleine Papagei noch nie häufig – man nimmt an, daß sein Bestand seit Anfang der 40er Jahre dieses Jahrhunderts die Grenze von 1000 Exemplaren nie überschritten hat – doch wurden bei den letzten Zählungen noch lediglich 100 bis maximal 200 Vögel gesichtet.

Die Gründe für diesen drastischen Rückgang sind bekannt: Es sind in erster Linie der Verlust des natürlichen Lebensraumes und der Fang für den Handel. Letzteres haben die australischen Naturschutzbehörden heute in den Griff bekommen. Schon vor Jahren wurde der Goldbauchsittich unter Schutz gestellt, und die australischen Gesetze gelten mit als die strengsten der Welt. Jeder illegale Fänger muß damit rechnen, mehrere Jahre ins Gefängnis zu wandern, wenn man ihn erwischt.

Heute versuchen die Naturschützer und Behörden vor allem die Lebensräume des kleinen Sittichs zu erhalten. Das ist aber gerade bei ihm kein leichtes Unterfangen. Wie schon an anderer Stelle angeführt wurde, sind Goldbauchsittiche nämlich echte Zugvögel. Den Winter über verbringen sie in verschiedenen Gebieten der südaustralischen Festlandküste, im Sommer brüten sie im Südwesten Tasmaniens.

Im Gegensatz zu den meisten anderen Papageien müssen sich die Erhaltungsmaßnahmen also auf ein verhältnismäßig großes Gebiet erstrecken. Insgesamt verteilt sich der kleine Restbestand im Winter auf einen Küstenstreifen von mehr als 1000 km Länge, wenn auch schwerpunktmäßig an wenigen Orten.

Gerade aber dort, wo man noch viele Goldbauchsittiche antreffen kann, ist ihr Lebensraum am stärksten bedroht. So zum Beispiel in der Umgebung von Port Wilson in Victoria. Hier wurden in manchen Jahren immerhin noch über 70 Vögel in den trockenen, salzreichen Weideländern und in den sich anschließenden steinigen Sandbänken gesichtet. Hier finden sie ihre wichtigsten Futterpflanzen.

Diese Gebiete sind aber verhältnismäßig klein, und an ihren Randzonen lauern die Gefahren der industriellen Auswüchse unserer Gesellschaft: Ein Industriegebiet, ein Flughafen, eine Kläranlage und ein Munitionslager warten nur darauf, sich weiter ausbreiten zu können.

1983 haben die australischen Naturschutzverbände und -behörden seinen Plan zur Rettung der Goldbauchsittiche in Angriff genommen. Mit ihm sollen vor allem auf Tasmanien die Brutgebiete und auf dem Festland die Futterplätze vor weiteren menschlichen Eingriffen geschützt werden. Zusätzlich versucht man aber auch, neue Gebiete herzurichten und für die Sittiche zu erschließen. Hierin werden ebenso einige Inseln der Bass-Straße einbezogen, die von den Vögeln auf ihrem Zug in und von den Brutgebieten aufgesucht werden.

Um auch für die Zukunft einen wirksamen Schutz zu gewährleisten, wurden und werden noch Landstücke in den Überwinterungsgebieten aufgekauft, wie z.B. in dem zuvor angeführten Port Wilson. Gleichzeitig versucht man alle direkten und indirekten menschlichen Einwirkungen auf diese Gebiete einzudämmen. So wird der Zutritt in bestimmte Gebiete verboten oder der Flugverkehr eingeschränkt.

Trotz all dieser teilweise aufwendigen Maßnahmen sieht die Zukunft der Goldbauchsittiche nicht rosig aus. Genetiker haben vor wenigen Jahren herausgefunden, daß der Mindestbestand einer Art wenigstens 500 Tiere betragen muß. Erst ab dieser Stückzahl ist es gewährleistet, daß durch unvermeidbare Inzucht keine Erbanlagen verloren gehen, die zum Überleben der Art notwendig sind. Ob der Goldbauchsittich allein auf Grund dieser Tatsache zum Aussterben verurteilt ist, kann heute noch niemand vorhersagen. Zumindest aber die Betreuer des Erhaltungsprojektes und ihre Helfer sind optimistisch.

Rettung in letzter Minute

Goldbauchsittich (*Neophema chrysogaster*).

Dieses Bild dokumentiert die ganze Tragik einer Vogelart: Bei diesen drei Spix-Aras (*Cyanopsitta spixii*) handelt es sich um die letzten freilebenden Exemplare überhaupt.

Der Spix-Ara – keine Chance in der Freiheit?

Zum Schluß dieser Reihe über Erhaltungsprojekte soll das jüngste und wohl auch erschütterndste Beispiel einer bedrohten Papageienart vorgestellt werden. Es geht um den Spix-Ara *(Cyanopsitta spixii)*, von dem die letzten Freilandbeobachtungen aus dem Jahre 1903 stammen und der in den vergangenen Jahren nur von Gefangenschaftsvögeln bekannt war.

Während selbst die brasilianischen Ornithologen das genaue Verbreitungsgebiet der kleinen Aras nicht kannten, hatten es wieder einmal die einheimischen Fänger und Händler entdeckt. Jahrelang holten sie Jungvögel aus den ihnen bekannten Brutbäumen und fingen hin und wieder auch einige Alttiere. Nach und nach schmolz die sowieso schon immer kleine Population dahin. Genaue Zahlen, wie groß sie ursprünglich einmal gewesen war, gab es noch nie, nach vorsichtigen Schätzungen dürfte sie aber den Umfang von 100 Tieren noch nie überschritten haben. Aber erst als bei den brasilianischen und europäischen Vogelhaltern immer mehr Spix-Aras auftauchten, reagierten die ersten Wissenschaftler. Im Juni 1985 brach der Ornithologe Paul Roth zu einer ersten Suchaktion nach den seltenen Aras in den Süden Piauis und Maranhaos auf.

Zwar konnte er die Spix-Aras noch nicht finden, aber die Informationen, die er von den dortigen

187

Hier betritt gerade eines der beiden Spix-Araweibchen die Bruthöhle, in der sein Gelege wenige Zeit, nachdem diese Aufnahme entstand, von skrupellosen Fängern zerstört wurde.

Fängern und Händlern erhielt, waren mehr als besorgniserregend. Möglicherweise hatten bereits seit Jahrzehnten nur noch 30 Vögel existiert, der momentane Bestand schien aber nur noch fünf Tiere zu betragen. Die Gründe für diese rapide Abnahme waren vor allem in dem Fang der Vögel zu sehen. Erst 1984 hatte ein Fänger aus Floriano in Piaui zehn Vögel auf einmal gefangen, drei Jungtiere und sieben Altvögel, für die er in Sao Paulo die für brasilianische Verhältnisse ungeheure Summe von umgerechnet 2000 Dollar pro Vogel bekommen hatte, wie Recherchen später ergaben. Hinzu kamen vermutlich noch der Abschuß durch schießwütige Einheimische, die diesen „Sport" immer noch als Freizeitvergnügen betrachten, und eingeschleppte afrikanische „Killerbienen", die brütende Weibchen angriffen und töteten. Das eigentlich Erschütternde aber war: Immer noch machten die Fänger Jagd auf die restlichen fünf Vögel.

Als Paul Roth Anfang 1986 erneut das Spix-Ara-Gebiet besuchte, konnte er endlich die letzten Freilandvögel beobachten. Er fand allerdings nur noch drei Vögel vor, mittlerweile war ein weiteres Paar gefangen worden. Und auch diese Tiere wurden nicht in Ruhe gelassen. Im Februar 1986 hatte eines der beiden Weibchen versucht zu brüten, das Gelege war aber zerstört worden, als ein Fänger versucht hatte, die drei Aras, die jetzt eng zusammenhielten, auf einmal in ihrer Bruthöhle zu fangen. Ein zweiter Brutversuch an anderer Stelle endete auf dieselbe tragische Weise. Zur Zeit scheint die Situation der Spix-Aras hoffnungslos zu sein. Zwar unterstützt der Farmbesitzer, auf dessen Gebiet die Aras leben, die Bemühungen, die letzten Vögel zu retten, doch ist kaum davon auszugehen, daß die Fänger und Händler ihre kriminellen Bemühungen unterlassen, auch weiterhin den Aras nachzustellen.

Obwohl in Brasilien der Fang, der Handel und sogar die Haltung der Tiere verboten ist, befanden sich 1985 allein in diesem Land mindestens 20 Tiere in Gefangenschaft, weltweit dürfte der Bestand aber zwischen 30 und 40 Vögeln liegen. Um die Art überhaupt noch zu erhalten, müßte und könnte ein Gefangenschaftszuchtprogramm durchgeführt werden. Da dies aber an der egoistischen Einstellung der meisten Besitzer scheitern würde, so halten die meisten Brasilianer ihre Tiere nur zu Schauzwecken, sind die Naturschutzbehörden und -organisationen gefordert, hier per gesetzliche Regelungen einzugreifen. Ein weiteres Problem sind die fehlenden finanziellen Mittel. Es haben sich zwar auch schon einige private Förderer eines solchen Zucht- und Erhaltungsprojektes gefunden, doch sind es noch zu wenige. Hier sollten sich die Züchter und Halter angesprochen fühlen, denn eines steht beim Spix-Ara zumindest fest: Schuld an seinem Verschwinden haben allein die Halter, Händler und Fänger, der Lebensraum ist noch intakt und würde eine mögliche spätere Ausbürgerung zulassen. So möchte ich an dieser Stelle auf die verschiedenen Naturschutzorganisationen hinweisen, deren Adressen auf der folgenden Seite angegeben werden und die auch projektgebundene Spenden annehmen und weiterleiten.

Papageien-Schutzprojekte

werden momentan von einigen Naturschutzorganisationen betreut. In den meisten Fällen haben diese Organisationen aber Schwierigkeiten, die finanziellen Mittel aufzubringen, sie sind deshalb immer auch auf Spenden angewiesen. Für die Leser, die den Schutz der Papageien durch eine Spende (auch kleine Spenden helfen!) unterstützen möchten, sind hier die wichtigsten Adressen aufgeführt:

International Council for Bird Preservation
219c Huntingdon Road
Cambridge CB3 0DL
ENGLAND

New York Zoological Society
Bronx, New York 10460
USA

Jersey Wildlife Preservation Trust
Les Augres Manor
Trinity
Jersey
KANAL-INSELN/ENGLAND

Zoologische Gesellschaft für Arten- und Populationsschutz
Lohnrößlerweg 30
D-8000 München 82
Bundesrepublik Deutschland

Brehm-Fonds
für Internationalen Vogelschutz
Vogelpark Walsrode
D-3030 Walsrode
Bundesrepublik Deutschland

Bolivian Wildlife Society
Tan-yr-allt
Talycoed Lane
Llantilio Crossenny
Gwent NP7 8TH
ENGLAND

Fundacao Brasileira para a Conservacao
da Natureza
Rua Miranda Valverde 103
Rio de Janeiro - RJ
CEP 22281
BRASILIEN

Haitisittich (*Aratinga chloroptera*)

Register

Halbfett angeführte Seitenzahlen weisen auf eine Abbildung des jeweiligen Vogels hin.

Adelaidesittich 34
Agapornis 114, 134
Agapornis personatus fischeri 114, **134, 135,** 136, **142, 166,** 166
Agapornis personatus personatus **69,** 114, 166
Agapornis pullarius 130
Agapornis roseicollis 20, **114,** 134
Alisterus scapularis **22,** 22, **23,** 34, **110,** 118, 121
Amazona aestiva **123**
Amazona albifrons 111
Amazona amazonica 166
Amazona brasiliensis **164,** 164
Amazona farinosa farinosa 42
Amazona guildingii **56,** 57
Amazona imperialis **57,** 57
Amazona leucocephala 140
Amazona leucocephala bahamensis 140, **141**
Amazona ochrocephala auropalliata **11, 69**
Amazona ochrocephala nattereri 42
Amazona pretrei 164, **165**
Amazona ventralis 177, **178**
Amazona versicolor **57,** 57
Amazona vinacea **21**
Amazona vittata **171, 175,** 175
Amazona vittata gracilipes 175
Amazonen 76, 122, 144
Andensittich 52
Anden-Felsensittiche **55, 103**
Anodorhynchus hyacinthinus **10, 128,** 129, 144, **163**

Anodorhynchus leari 168, **168, 169**
Ara ambigua 20, 142, **142,** 161
Ara ararauna 14, 16, **31,** 77, 142, **160,** 161
Ara chloroptera **12, 14,** 14, **41,** 42, **90, 91, 96**
Ara glaucogularis **168,** 168
Ara macao 14, **40, 41,** 42, **90, 91, 113, 159, 160,** 161
Ara manilata 78, **80, 81**
Ara militaris 20
Ara rubrogenys 166, **167**
Aras 122, 143
Arasittich 96, 106, **106,** 156, **157**
Aratinga 76
Aratinga acuticaudata acuticaudata 45, **46**
Aratinga aurea **76, 98, 162**
Aratinga cactorum **75**
Aratinga canicularis 130, 143
Aratinga canicularis canicularis **130**
Aratinga erythrogenys **100**
Aratinga guarouba **16,** 16
Aratinga jandaya **28**
Aratinga leucophthalmus leucophthalmus **21**
Aratinga mitrata mitrata 20, 45
Aratinga nana nana 130
Aratinga pertinax 68
Aratinga pertinax aeruginosa **68**
Aratinga solstitialis 16, **17,** 144
Aratinga wagleri frontata 127
Archaeopsittacus verreauxi 36
Aymarasittich 52, **54**

Bahama-Amazone 140, **141**
Banks-Rabenkakadu 120, **121**
Barnardius barnardi barnardi 92
Barnardius zonarius zonarius **33**
Barnardsittich **92**
Bauers Ringsittich **33**
Bindensittiche 158
Blaßkopfrosella **43, 88**
Blauflügelsittich **118**
Blaugenick-Sperlingspapageien 146, **146, 154**
Blaukäppchen 26, **27**
Blauköpfiger Spatelschwanzpapagei **102**
Blaukopfsittich 45, **46**
Blaukrönchen **136**
Blaukronen-Amazone 177, **178**
Blaumasken-Amazone 57, **57**
Blaustirnamazone **123**
Blumenpapageichen 73, **73**
Bolborhynchus 52
Bolborhynchus aurifrons 126
Bolborhynchus aurifrons aurifrons 52, **107**
Bolborhynchus aurifrons margaritae **55, 107**
Bolborhynchus aymara 52, **54**
Bolborhynchus orbygnesius 52
Bolivien-Rotschwanzsittich **51**
Borstenkopfpapagei 16, 36, **36,** 73
Bourkesittich 46, 143
Braunkopfkakadu 142
Braunohrsittich 145, **145**
Braunwangensittich 68, **68**
Breitbinden-Allfarblori **12, 85**
Brotogeris 66, 83, 100, 118, 130, 142, 143
Brotogeris chrysopterus chrysosema **41,** 42, 66, **67**
Brotogeris cyanoptera cyanoptera **118**
Brotogeris jugularis **67,** 67, 142
Brotogeris pyrrhopterus 166
Brotogeris tirica **62,** 62, **162**
Bruijns Spechtpapagei 122

Cacatua 144
Cacatua alba 170
Cacatua ducorpsii **162**
Cacatua galerita 30, 64, **65,** 97, **120**
Cacatua goffini 170
Cacatua leadbeateri 46, **47,** 120, **121**
Cacatua moluccensis **170,** 170
Cacatua sanguinea **30,** 30, **32,** 46, 95, **95**
Cacatua sulphurea 170
Cacatua sulphurea citrinocristata **170,** 170
Cacatua tenuirostris 64, 66
Callocephalon fimbriatum 52, **53, 125,** 145
Calyptorhynchus 16, 83
Calyptorhynchus funereus baudinii **82**
Calyptorhynchus funereus fenureus **83,** 83
Calyptorhynchus lathami 142
Calyptorhynchus magnificus 120, **121**
Caninde-Ara 168, **168**
Charmosyna papou 51
Charmosyna papou goliathina 52
Charmosyna papou papou **52,** 52
Charmosyna papou stellae **52,** 52
Charmosyna papou wahnesi 52
Conuropsis carolinensis 15
Coracopsis nigra 20
Coracopsis vasa **20,** 20
Culebra-Amazone 175
Cyanoliseus patagonus 96, 102, 106, 126, 159, 182
Cyanoliseus patagonus patagonus **101, 126**
Cyanoliseus patagonus andinus **55, 103**
Cyanoliseus patagonus byroni **182,** 182, **183**
Cyanopsitta spixii 187, **187, 188**
Cyanoramphus auriceps auriceps **99, 109**
Cyanoramphus novaezelandiae hochstetteri **59,** 59, 137
Cyanoramphus novaezelandiae novaezelandiae **7**
Cyanoramphus unicolor 58, **59, 137,** 137

Deroptyus accipitrinus 14, **15**
Deroptyus accipitrinus fuscifrons 42
Dickschnabelsittiche 52

Echosittich 179, **179, 181**
Eclectus 76, 110
Eclectus roratus 23, **25, 122, 153**
Edelpapagei 23, **25,** 76, 110, **122, 153**
Edelsittiche 122
Einfarblaufsittich 58, **59, 137,** 137
Elfenbeinsittich 130, **130,** 143
Enicognathus ferrugineus ferrugineus **38,** 38, 64
Enicognathus leptorhynchus **34,** 34, 64, 66, **66,** 96, 134, **134**
Eolophus roseicapillus **60,** 60, **72, 99, 111**
Erdsittich 102, 104, **104,** 137, **138,** 145, 148
Erzlori **13**
Eulenpapagei 102, 104, 137, **139, 172,** 172, **174**

Fächerpapagei 14, **15,** 42
Feigenpapageien 78
Feinsittich 106
Felsensittich 96, **101,** 102, 106, 126, **126,** 159, 182
Feuerflügelsittich 166
Finschs Spechtpapagei **131**
Fledermauspapageien 73, 111, 136
Forpus 145
Forpus coelestis **146,** 146, **154**
Frauenlori **84, 87,** 87, 121
Frühlingspapagei **136**

Gebirgs-Allfarblori 44, **45, 86,** 87
Gelbbrustara 14, 16, **31,** 77, 142, **160,** 161, 77
Gelbflügelsittiche **41,** 42, 66, **67**
Gelbgrüner Lori 16
Gelbhaubenkakadu 30, 33, 64, **65,** 97, **120**
Gelbkopflori 16, **16**
Gelbnacken-Amazone **11, 69**
Gelbohr-Rabenkakadu 83, **83**
Gelbohrsittich 50, **50**
Gelbwangenkakadu 170
Geoffroyus geoffroyi 122
Geopsittacus occidentalis 101, 137
Glossopsitta concinna **86**
Glossopsitta porphyreocephala 86
Glossopsitta pusilla **9**
Goffins Kakadu 170
Goldbauchsittich 185, **186**
Goldmantelrosella **148**
Goldschultersittich 130
Goldsittich 16, **16**
Goldstirnsittich **76, 98, 162**
Goldwangenpapagei **77,** 88, **89**
Graupapagei 14, 30, **30,** 78, **79,** 145
Großer Felsensittich 182, **182, 183**
Großer Soldatenara 20, 142, **142,** 161
Großer Vasapapagei **20,** 20
Grünflügelara **12, 14,** 14, **41,** 42, **90, 91, 96**
Grünwangen-Rotschwanzsittich 118, **119**
Gualori **158**
Guayaquilsittich **100**

Halsbandsittich **29,** 60, **61, 111, 124,** 143, 146, 179, **180**
Harterts Gualori 158
Hellroter Ara 14, **40, 41,** 42, **90, 91, 113, 159, 160,** 161
Helmkakadu 52, **53, 125,** 145
Hyazinthara **10, 128,** 129, 144, **163**

Inka-Kakadu 46, **47,** 120, **121**

Jamaikasittich 130
Jendayasittich **28**

Kaiser-Amazone 57, **57**
Kaka 20, **37,** 102, **103**
Kakadus 144
Kakapo 102, 104, 137, **139, 172,** 172, **174**
Kaktussittich **75**
Karolinasittich 159
Kea **37, 115,** 115, **117,** 137
Keilschwanzsittiche 76
Kleiner Soldatenara 20
Kleiner Vasapapagei 20
Klippensittich 129, **129**
Königs-Amazone **56,** 57
Königssittich 22, **22, 23,** 34, **110,** 118, 121
Kuba-Amazone 140

Langflügelpapageien 50, 76, 145
Langschnabelsittich 34, **34,** 64, 66, **66,** 96, 134, **134**
Lathamus discolor **106,** 106
Lears Ara 168, **168, 169**
Loriculus 73, 111, 136
Loriculus beryllinus **73,** 73
Loriculus galgulus galgulus **136**
Loris 122
Lorius domicellus **13**
Lorius lory **84, 87,** 87, 121

Margarit-Sittich **55, 107**
Maronenstirnsittich 127, **127,** 147, 154, **155**
Maskenzwergpapageien 122
Melopsittacus undulatus 30, 46, **48, 49, 70, 94,** 95, 112, 118, 142, 144, 150, **150, 152**
Meyers Papagei **76,**
Micropsitta 83, 130, 142
Micropsitta bruijnii 122
Micropsitta finschii **131**
Micropsitta pusio **82**
Mönchssittich 112, **112, 132,** 132, **133,** 166
Mohrenkopfpapagei **14,** 14
Molukken-Kakadu 170, **170**
Moschuslori **86**
Motmotpapagei 102, **102**
Mount Goliath-Papualori 52
Mülleramazone 42
Müllers Edelpapagei **63**
Myiopsitta monachus **112,** 112, 132, **132, 133,** 166

Nachtsittich 101, 137
Nacktaugenkakadu 30, **30, 32,** 33, 46, 95, **95**
Nandaysittich **98, 125**
Nandayus nenday **98, 125**
Nasenkakadu 64, 66
Natterer-Amazone 42
Neophema chrysogaster 185, **186**
Neophema chrysostoma 106
Neophema bourkii 46, 143
Neophema petrophila **129,** 129
Neophema pulchella **143**
Neopsittacus musschenbroekii **158**
Neopsittacus pullicauda **158**
Nestor meridionalis 20, **37,** 102, **103**
Nestor notabilis **37, 115,** 115, **117,** 137
Nestorpapageien 36
Nymphensittich 46, **47, 61,** 66, **72**
Nymphicus hollandicus 46, **47, 61,** 66, **72**

Ognorhynchus icterotis **50,** 50
Opopsitta diophthalma 122
Opopsitta gulielmiterti suavissima **78**
Orangebrust-Maskenzwergpapagei **78**
Orangehaubenkakadu 170, **170**

Papualori 51, 52, **52**
Pavuasittich **21**
Pennantsittich **3, 35, 97,** 118, **118, 119**
Perusittich 127
Pezoporus wallicus 102, 104, **104,** 137, **138,** 145, 148
Pfirsichköpfchen 114, **134, 135,** 136, **142,** 166, 166
Pflaumenkopfsittich **4, 5**
Pionites leucogaster 16
Pionites leucogaster xanthurus **16**
Pionopsitta 77
Pionopsitta barrabandi **77,** 88, **89**
Pionopsitta pileata **147**
Pionus 145
Plattschweifsittiche 145
Platycercus 145
Platycercus adscitus palliceps **43, 88**
Platycercus adelaidae 34
Platycercus elegans **3, 35, 97,** 118, **119**
Platycercus elegans elegans 118
Platycercus eximius **26, 33,** 33, 34, **108**
Platycercus eximius ceciliae **148**

Platycercus eximius eximius **149**
Platycercus flaveolus **74**
Polytelis swainsonii 22, **24, 25**
Poicephalus 76, 145
Poicephalus meyeri **76**
Poicephalus rufiventris 23, 50, **50,** 111
Poicephalus senegalensis **14,** 14
Porphyrkopflori 86
Prachtamazone 164, **165**
Prachtrosella **26, 33,** 33, 34, **108, 149**
Prioniturus 102
Prioniturus discurus **102**
Prioniturus platurus platurus **102,** 102
Psephotus chrysopterygius 130
Psephotus haematonotus **32,** 33, 60, **144**
Psephotus varius 46, 144
Pseudeos fuscata **19**
Psittacella 158
Psittacula cyanocephala **4, 5**
Psittacula echo **179,** 179, **181**
Psittacula himalayana **38,** 38
Psittacula krameri **29,** 60, **61, 111, 124,** 143, 146, 179, **180**
Psittaculirostris 78
Psittacus erithacus 14, 30, **30,** 78, **79,** 145
Psitteuteles flavoviridis 16
Psittrichas fulgidus 16, 36, **36,** 73
Puerto Rico-Amazone **171, 175,** 175
Purpureicephalus spurius **77,** 77
Pyrrhura 50, 145
Pyrrhura frontalis **145,** 145
Pyrrhura frontalis devillei 51
Pyrrhura molinae 118
Pyrrhura molinae australis 119
Pyrrhura perlata perlata **42,** 42, 88, **89,**
Pyrrhura picta amazonum 88, **89**

Rabenkakadus 16, 83
Rhynchopsitta pachyrhyncha pachyrhyncha 96, 106, **106,** 156, **157**
Rhynchopsitta pachyrhyncha terrisi **127,** 127, 147, 154, **155**
Rosakakadu 60, **60, 72, 99, 111**
Rosenköpfchen 20, **114,** 134, 136
Rostkappenpapagei 16, **16**
Rotbauchara 78, **80, 81**
Rotbauchpapagei 22, 50, **50,** 111
Rotbauchsittich **42,** 42, 88, **89**
Rotkappensittich 77, **77**
Rotkopfpapagei 122
Rotmaskensittich 20, 45
Rotnackenlori **1**
Rotohrara 166, **167**
Rotschwanzamazone 164, **164**
Rotschwanzsittiche 50, 145
Rotsteißpapageien 145

Salomonenkakadu **162**
Santaremsittich 88, **89**
Saphirlori 26, **26, 58,** 58
Scharlachkopfpapagei **147**
Schildsittich 22, **24, 25**
Schmalschnabelsittiche 66, 83, 100, 130, 143
Schmucklori **87**
Schönsittich **143**
Schuppenlori **18, 44,** 44, **85,** 87
Schwalbensittich 106, **106**
Schwarzköpfchen **69,** 114, 166
Schwarzkopfedelsittich 38, **38**

Schwarzschulter-Edelpapagei 67
Sclaters Spechtpapagei **82**
Singsittich **32,** 33, 60, **144**
Smaragdlori 26
Smaragdsittich 38, **38, 64**
Spatelschwanzpapageien 102
Spechtpapageien 83, 130, 142
Spix-Ara 187, **187, 188**
Springsittich **99, 109**
Soldatenaras 20
Sonnensittich 16, **17,** 144
Stella-Papualori 52, **52**
Strigops habroptilus 102, 104, 137, **139, 172,** 172, **174**
Strohsittich **74**

Tanygnathus megalorhynchos 67
Tanygnathus sumatranus **63**
Taubenhals-Amazone **21**
Tirikasittich 62, **62, 162**
Tovisittich 67, **67,** 142
Trichoglossus chlorolepidotus **18, 44,** 44, **85,** 87
Trichoglossus euteles **16,** 16
Trichoglossus haematodus haematodus **12,** 87
Trichoglossus haematodus moluccanus **18,** 44, **45, 86**
Trichoglossus haematodus micropteryx **85**
Trichoglossus haematodus rubritorquis **1**
Trichoglossus ornatus **87**

Unzertrennliche 114, 134

Venezuela-Amazone 166
Vielfarbensittich 46, 144
Vini australis 26, **27**
Vini peruviana **26,** 26, 58, **58**
Vini ultramarina 26

Wahnes-Papualori 52
Weißbürzellori **19**
Weißhaubenkakadu 170
Weißohr-Rabenkakadu **82**
Weißstirnamazone 111
Wellensittich 30, 46, **48, 49, 70, 94,** 95, 112, 118, 142, 144, 150, **150,** 152

Ziegensittich **7, 59,** 59, 137
Zierpapageien 77
Zitronensittich 52, 107, 126
Zwergmoschuslori **9**